Gisela Mühlenberg

Jahreszeiten Bastelkiste

Tolle Ideen für Kinder ab 2 Jahren – fürs ganze Jahr, für Kinderfeste und zwischendurch

Illustrationen von Vanessa Paulzen

Ökotopia Verlag, Münster

Impressum

Autorin Gisela Mühlenberg

Illustratorin Vanessa Paulzen

Satz art applied • Medienproduktion Hennes Wegmann, Münster

ISBN 978-3-86702-139-5

3. Auflage 2014

Inhaltsverzeichnis

Einleitung

Niko war diesen Sommer am Meer. Strahlend rennt der dreijährige Niko auf seine Mutter zu und zeigt ihr seine selbst gebastelte Autofähre. Am Morgen hat er einen weißen Schuhkarton mit in den Kindergarten gebracht, um daraus eine richtig tolle Autofähre zu basteln. Gemeinsam mit anderen Kindern hat er geschnipselt, gemalt, geklebt und gebastelt – bis seine Fähre fertig war. Die Kinder konnten es alle kaum abwarten, bis die Fingerfarben auf ihren Schuhkarton-Autofähren endlich getrocknet waren. Die Autos, die mit ihren Fähren transportiert werden sollten, standen schon lange bereit. Jetzt spielen die Kinder vergnügt damit gemeinsam auf dem Spielteppich …

Kinder sind immer für kleine und große Bastelaktionen zu begeistern. Schon ganz kleine Kinder haben großen Spaß daran, mit Bunt- oder Wachsmalstiften ein Blatt Papier mit bunten Strichen zu bemalen. Kinder lieben es einfach, mit Fingerfarben, Stiften und anderen Farben zu malen, Papier, Pappe, Wolle und Stoff zu zerschneiden, um dann mit Klebstoff, Tesafilm und Kleister alles wieder neu zusammenzukleben.

Dafür brauchen sie Eltern und ErzieherInnen, die ihnen den Raum und Zeit zum Basteln geben und ihnen vielfältige Materialien zur Verfügung stellen, damit sie ausgiebig experimentieren können. Bei diesen gemeinsamen Bastelaktionen können Erwachsene Kinder sehr unterstützen, indem sie die Kinder anregen, alles Mögliche auszuprobieren, sie ihnen freien Raum zur Entfaltung eigener Ideen lassen und sie sich mit ihnen gemeinsam über die tollen Ergebnisse freuen. Damit können sie die Kinder in ihrer persönlichen Entwicklung und in der Entwicklung ihrer Kreativität entscheidend fördern.

Das kreative Bastelbuch für das ganze Jahr

Bastelideen fürs ganze Jahr

In diesem Buch finden Eltern und ErzieherInnen viele tolle Bastelanregungen für Kinder in allen Altersstufen zu vielen Anlässen und für jede Jahreszeit. Sie finden alles von Tulpen und Ostereiern im Frühling, Sonne und Schiffen für den Sommer, über Drachen und Apfelbäume im Herbst bis hin zu Schneemännern und Eiskristallen für den Winter

und Nikoläusen, Krippen und Sternen zu Weihnachten. Aber auch schöne Bastelideen für Kindergeburtstage, Kinderfeste oder einfach nur für Schlechtwettertage sind in diesem Buch zu finden.
Also .... ein Bastelbuch für alle Fälle!

Bastelmaterialien und Werkzeuge

Das Schöne an den Bastelanregungen in diesem Buch ist, dass die Kinder dafür fast ausschließlich Materialien benötigen, die in der Regel in allen Kindergärten und Familien zu Hause ohnehin vorhanden sind – ganz normale Utensilien wie Buntstifte, Fingerfarben, Wasserfarben, Pinsel, Schere, Klebstoff, Pappe, Papier sowie einfache, alltägliche Materialien wie Woll- und Stoffreste, Papprollen, Strohhalme, Schachteln, Dosen und Joghurtbecher ... Nur für einzelne Bastelideen werden Dinge benötigt, die vorher besorgt werden müssen. Im Anhang befindet sich eine Übersicht mit allen Materialien und Werkzeugen, die für die Bastelarbeiten in diesem Buch verwendet werden.

Gebraucht werden ganz alltägliche Materialien.

Basteln zu jeder Zeit

Die Bastelecke

Für Kinder ist es toll, wenn im Kindergarten oder auch in ihrem Zimmer zu Hause für sie eine kleine Bastelecke eingerichtet wird, in der sie immer Stifte, Farben, Papier, Klebstoff, Schere etc. vorfinden, mit denen sie dort auch ganz spontan malen, basteln und experimentieren können. In einer großen Kiste in der Bastelecke sammeln die Kinder alle möglichen Dosen, Papprollen, Stoff- und Wollreste, Bänder, Perlen, Glöckchen und Strohhalme, die sie für ihre Bastelarbeiten irgendwann gebrauchen können.

Altersangaben

In diesem Buch ist bei jeder Bastelanregung ein Alter angegeben, das Eltern und ErzieherInnen die Auswahl von altersgerechten Angeboten für die Kinder erleichtern soll. Diese Altersangaben sind natürlich nur als Richtwerte zu verstehen, da es letztendlich immer auch von der Übung, der Motivation und Begeisterung der Kinder abhängt, welches Angebot für welche Kinder geeignet ist.

Anregungen für Kinder in allen Altersstufen

Eltern und ErzieherInnen finden in dem Buch Bastelideen, die sie schon gut gemeinsam mit Kindern ab 2 Jahren aus-

Eigene Ideen sind erwünscht.

probieren können, an denen aber garantiert auch ältere Kinder im Kindergarten- und Grundschulalter großen Spaß haben werden. Während kleine Kinder noch mehr Unterstützung durch Erwachsene oder durch ältere Kinder benötigen, werden ältere Kinder das Buch schon alleine durchblättern, sich die Materialien selber zusammensuchen und sehr selbstständig kreativ werden.

Während manche Angebote tatsächlich nur für ältere Kinder geeignet sind, werden in dem Buch aber auch viele Bastelanregungen beschrieben, die kleinere Kinder in einer einfachen und größere Kinder in einer komplexeren Ausführung basteln können. Diese Anregungen sind dann besonders für altersgemischte Gruppen geeignet. Bei solchen Bastelaktionen macht es Spaß zu beobachten, wie die Kinder sich gegenseitig motivieren, unterstützen und in der Entwicklung ihrer Kreativität gegenseitig fördern.

Fantasie und Kreativität sind gefragt!

Das Wichtigste ist, dass bei allen Bastelarbeiten immer die Aktion der Kinder und nicht das Bastelergebnis eindeutig im Vordergrund steht. Die Kinder sollen Spaß haben, sie sollen den Freiraum haben, mit den Materialien und Werkzeugen fantasievoll herumzuexperimentieren und alles ganz nach ihren Vorstellungen auszuprobieren.

Dabei ist vollkommen klar, dass die Kinder alle Anregungen immer ganz nach ihren Vorstellungen abwandeln können – genauso klar ist natürlich auch, dass Bastelideen, die in den Kapiteln bestimmten Jahreszeiten zugeordnet sind, zum Beispiel auch für Kinderfeste, Geburtstage, Schlechtwettertage usw. sehr gut geeignet sein können.

Und wenn zum Schluss aus dem eigentlich für Schlechtwettertage geplanten schwarzen Raben an einem sonnigen Frühlingstag ein lustiger, bunt gescheckter Vogel wird, dann ist das doch vollkommen in Ordnung, oder?

Und dann kann es losgehen!!!

Der Frühling ist da!

Tulpen auf der Fensterbank

Alter
ab 3 Jahren

Material
bunte Wellpappe, Bleistift, Schere, Schaschlikstäbchen, Klebstoff, Schablonen „Tulpen auf der Fensterbank“ (S. 114)

Auch wenn der Frühling draußen noch so gar nicht kommen mag, im Wohnzimmer auf der Fensterbank kehrt er schon einmal ein.

Die Kinder übertragen mithilfe der Schablonen „Tulpen auf der Fensterbank 1 oder 2“ für jede Tulpe zwei gleiche Blütenformen mit einem Bleistift auf die Wellpappe und schneiden die Blütenformen aus. Mit der Schablone „Tulpen auf der Fensterbank 3“ übertragen sie für jede Blume zweimal die Form der Blätter und schneiden auch diese aus.

Die Blütenformen streichen sie auf der Rückseite mit Klebstoff ein. Sie legen ein Schaschlikstäbchen mit dem stumpfen Ende auf die eine Blütenrückseite und pressen die zweite, passende Blütenform auch mit der linken Seite kurze Zeit darauf.

Auf die gleiche Art und Weise befestigen die Kinder die Blätter etwas oberhalb des spitzen Endes an dem Stäbchen.

Sie stecken ihre Tulpen in einen Blumentopf auf der Fensterbank – und schon ist der Frühling da!

Wattekücken im Nest

Diese hübschen, kleinen Küken in ihrem Nest lassen die richtige Vorfreude auf das Osterfest aufkommen.

Alter
ab 4 Jahren

Material
Packpapier, Bleistift, Schere,
Klebstoff, Ostergras,
gelbe Kosmetikwattebausche,
rote und blaue Pappe,
Nadel und Faden,
Schablone „Watteküken im Nest“
(S. 114)

Die Kinder malen die Form des Nestes mithilfe der Schablone „Watteküken im Nest“ mit Bleistift zweimal auf das Packpapier und schneiden die beiden Formen aus. Das Papier knubbeln sie zusammen und streichen es wieder etwas glatt.

Auf eine Nestform tragen die Kinder entlang der Rundung Klebstoff auf und drücken die zweite Form darauf. In die Öffnung des so entstandenen Nestes stopfen sie so viel Ostergras, dass oben etwas davon herausschaut.

Aus der gelben Kosmetikwatte zupfen sie nun drei Kugeln als Küken zurecht und kleben ihnen kleine blaue Punkte aus Pappe als Augen und kleine Stücke aus roter Pappe als Schnäbel an. Mit ein paar Tropfen Klebstoff befestigen die Kinder die Küken in ihrem Nest.

Mit Nadel und Faden knoten die Kinder einen langen Faden mit einem Ende an die linke und mit dem anderen Fadenende an die rechte Seite des Nestes, so dass sie das Nest daran ins Fenster hängen können.

Marienkäfer

Alter
ab 3 Jahren

Material
schwarzes Tonpapier, Bleistift, Schere, halbe Walnussschalen, rote und schwarze Bastelfarbe, Pinsel, Wasserglas, Klebstoff, evtl. Schablone „Marienkäfer“ (S. 114)

Marienkäfer gehören zu den beliebtesten Frühlingsboten und üben auf Kinder immer wieder eine große Faszination aus.

Die Marienkäferbeine können die Kinder entweder mit der Schablone „Marienkäfer“ mit einem Bleistift auf das schwarze Tonpapier übertragen oder sie malen die Form selber ganz einfach auf das schwarze Papier, indem sie eine halbe Walnuss auf das Papier legen und dann selber einen kleinen Kopf und sechs Beine an den Körper malen. Diese Form schneiden sie dann aus.

Für jeden Käfer malen die Kinder eine Walnusshälfte mit roter Bastelfarbe an und lassen die Farbe trocknen. Dann malen sie mit schwarzer Farbe längs eine Mittellinie und die Punkte auf den Körper.

Sobald die Farbe getrocknet ist, kleben die Kinder die Nussschalen auf die Käferbeine und lassen sie trocknen.

Perlenraupen

Alter
ab 3 Jahren

Material
Pfeifenputzer, Lineal, kleine Zange, Holzperlen mit großen Löchern

Mit diesen hübschen Raupen können die Kinder einen Frühlingsstrauß, die Fenster oder den Frühstückstisch verzieren.

Je nach Größe der Raupen kneifen die Kinder mit einer kleinen Zange ein ca. 24–28 cm langes Stück von einem Pfeifenputzerdraht ab. Dieses falten sie einmal in der Mitte zusammen.

Nun stecken sie das gebogene Ende des Pfeifenputzer durch eine Holzperle und schieben die Perle nicht ganz bis zum anderen Ende durch. So fädeln sie verschiedene bunte Perlen auf den Pfeifenputzerdraht, bis er fast ganz mit Perlen gefüllt ist.

Abschließend biegen die Kinder die beiden vorderen Enden als Fühler etwas auseinander und knicken die Spitzen um – und schon sind die lustigen Raupen fertig.
Die Kinder setzen sie auf die Zweige eines Frühlingsstraußes.

Lustige Geschenk- und Schatzdosen

Alter
ab 2 Jahren

Material
runde Käseschachteln,
Finger- oder Bastelfarbe,
Pinsel Wasserglas

Sind das nicht lustige Sammel-, Geschenk-, Verpackungs- und Schatzdosen?

Die Kinder malen ihre runden Käseschachteln zunächst in der für ihr gewähltes Tier typischen Grundfarbe – rot, gelb oder grün – an und lassen die Farbe trocknen.

Damit die Schachteln gut in Form bleiben, stecken die Kinder den Boden und den Deckel ihrer Schachtel vor der weiteren Bemalung zusammen.
Je nach Motiv bemalen sie ihre Dosen mit Augen, Mund, Punkten, Strichen … und lassen die Farbe wieder trocknen.

Natürlich können die Kinder ihre Dosen auch mit ganz anderen Motiven und Mustern fantasievoll bemalen!

Frühlingskarten

Alter
ab 3 Jahren

Material
fertige Doppelbriefkarten oder Fotokarton, Lineal, Bleistift, Schere, Finger- oder Bastelfarben, Kosmetikwatte (je nach Motiv gelb oder weiß), buntes Papier, Klebstoff, Locher, weiße Watte

Witzige, kleine Wattekūken hüpfen hier über die Postkarte.

Die Kinder haben die Möglichkeit, entweder fertige Doppelbriefkarten zu verwenden oder sich selber Karten aus Fotokarton herzustellen.

Für selbst hergestellte Karten zeichnen sie mit Lineal und Bleistift ein Rechteck in der Größe von 23 x 16,5 cm auf farbigen Fotokarton und schneiden es aus. Die beiden kurzen Seiten des Rechtecks falten sie einmal aufeinander, so dass eine Doppelbriefkarte entsteht.

Ihre Karten verzieren die Kinder mit schönen Frühlingsmotiven.

- Sie drucken zum Beispiel mit Fingerdruck kleine Küken oder Blumen auf die Karten.
- Lustig sieht auch eine Wattekükenkarte aus. Dazu kleben sie kleine Wattebausche, die sie aus gelber Kosmetikwatte zurechtzupfen, als Küken auf die Karten. Aus rotem Papier schneiden sie kleine Schnäbel und Beine aus und kleben sie an die Küken. Mit einem Locher stanzen sie aus dunkelblauem Papier ein paar Punkte aus, die sie den Küken als Augen aufkleben.
- In der gleichen Technik können sie auch weiße Watte in der Form eines Schafes auf eine Karte kleben. Aus farbigem Papier schneiden sie die Schnauze und die Beine des Schafes aus und kleben sie passend auf die Karte.

Tipp: Auch eine schöne, einfache Idee, um mit mehreren Kindern gemeinsam ein großes, lustiges Bild zu erstellen.

Schmetterlinge aus Transparentpapier

Für einen richtig schönen Frühlingsstrauß sollten die Kinder zusammen viele der bunten Schmetterlinge basteln.

Aus Pfeifenputzer und Transparentpapier basteln die Kinder schöne bunte Schmetterlinge, die sie an einen Frühlingsstrauß hängen können.

Jedes Kind schneidet ein 16 cm langes Stück Pfeifenputzer ab. Dieses knicken sie einmal in der Mitte zusammen und verdrehen die beiden Enden vom umgebogenen Ende aus bis zur Mitte ein paarmal miteinander.

Für jeden Schmetterling schneiden die Kinder drei ca. 4 x 12 cm große Transparentpapierstücke in verschiedenen Farben zurecht und runden die Ecken der Papiere ab. Die drei Papiere legen sie gefächert übereinander, raffen sie in der Mitte zusammen und legen sie zwischen die Pfeifenputzerenden. Diese drehen sie noch zwei- oder dreimal umeinander, biegen die Enden etwas auseinander und lassen sie als Fühler der Schmetterlinge stehen.

Damit die Schmetterlinge gut am Osterstrauch hängen, ziehen die Kinder mit der Nadel ein Fadenende von unten durch einen Flügel und knoten ihn dort fest. Sie führen den Faden zum anderen Flügel, stechen von oben durch den zweiten Flügel und knoten ihn auch dort fest. Kleine Kinder benötigen dabei die Hilfe eines Erwachsenen.

Alter
ab 3 Jahren

Material
Pfeifenputzer, Lineal, Schere, Bleistift, Transparentpapier, Nadel und Faden

1

2

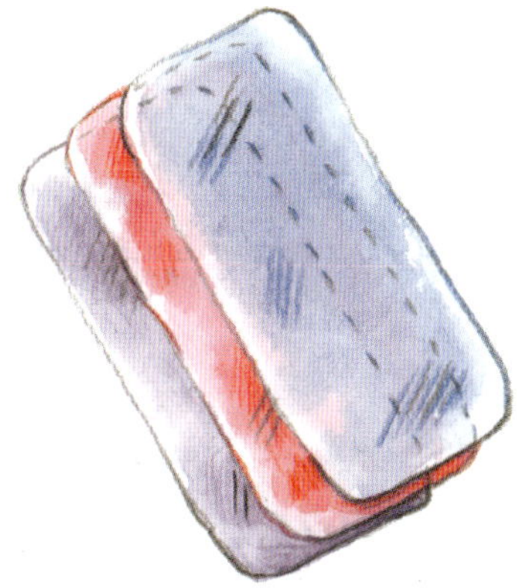

3

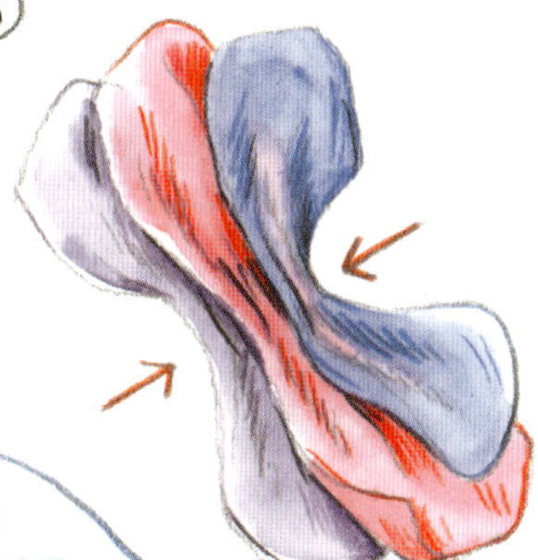

Bunter Schmetterling

Alter
ab 3 Jahren

Material
alte Plastikhefter (1 Plastikmappe reicht für 4 Schmetterlinge), wasserfeste Filzstifte, Schere, Acrylfarben, Pinsel, Wasserglas, Pfeifenputzer, Perlen, Nadel und Faden, Schaschlikstäbchen, Schablone „Bunter Schmetterling“ (S. 114)

Wie diese tollen Muster auf den Schmetterlingen entstehen, das grenzt fast schon an Zauberei!

Aus alten Plastikheftern können die Kinder ganz tolle, schillernd bunte Schmetterlinge basteln. Für den Schmetterling können sie sowohl den meist durchsichtigen Deckel als auch die farbige Rückseite verwenden.

Die Kinder schneiden den Deckel und das Rückblatt jeweils in 2 Teile.
Für einen Schmetterling falten die Kinder ihre Plastikfolie einmal in der Mitte und legen die Schablone „Bunter Schmetterling“ mit der geraden Seite an die gefaltete Kante. Sie malen die Form des Schmetterlings mit einem wasserfesten Filzstift auf die Plastikfolie und schneiden sie aus.

Die Kinder falten den Schmetterling auseinander und bemalen mit Acrylfarbe nur eine(!) Innenseite mit dicken Punkten oder Streifen. **Hinweis:** Acrylfarbe hat den Vorteil, dass sie bei der Verarbeitung wasserlöslich ist und auch auf Plastikfolie haftet.
Jetzt wird es spannend!

Die Kinder klappen die unbemalte Seite des Schmetterlings auf die bemalte, drücken beide Flügelhälften zusammen und verreiben die Farbe, indem sie über die Folie streichen. Klappen sie die Folien wieder auseinander, ist auf den Flügeln eine tolle Marmorierung entstanden – und beide Seiten haben die gleiche Farbgebung! Die Farbe lassen die Kinder trocknen.

Ein langes Stück Pfeifenputzer falten die Kinder einmal in der Mitte zusammen und verdrehen beide Enden an der Seite mit der Schlaufe ein paarmal umeinander.
Den Schmetterling schieben sie zwischen die Pfeifenputzerstränge, verdrehen die beiden Enden an der anderen Seite wieder ein paarmal umeinander und lassen sie als Fühler stehen. Sind diese zu lang werden sie entsprechend abgeschnitten. Auf die Fühlerenden stecken die Kinder jeweils eine kleine Holzperle.

Die Schmetterlinge werden am besten mit 2 ca. 50 cm langen Fäden aufgehängt. Die Kinder knoten mithilfe eines Erwachsenen ein Fadenende am vorderen Flügel an, spannen diesen zum hinteren Flügel und knoten dort das andere Fadenende fest. Genauso befestigen sie den zweiten, gleichlangen Faden an der anderen Seite. Diese beiden Fäden legen die Kinder so über ein Schaschlikstäbchen, dass der Schmetterling gut mit weit auseinander gebreiteten Flügeln aufgehängt werden kann. In der Mitte des Schaschlikstäbchens befestigen sie einen dritten Faden zum Aufhängen des Schmetterlings.

Frühlingswiese

Alter
ab 2 Jahren

Material
Raufasertapete , grüne Fingerfarbe, viele Papier-Spitzendeckchen für Untertassen, Wachsmalblöcke oder -stifte, Klebstoff

Eine großes, tolles Frühlingsbild, das viele Kinder in Gemeinschaftsarbeit erstellen können.

Die Kinder bemalen gemeinsam ein großes Stück Raufasertapete ganz mit grüner Fingerfarbe. Während die Farbe trocknet, basteln sie die Frühlingsblumen für ihre Wiese.

Dazu bemalen sie viele kleine Spitzendeckchen aus Papier kunterbunt mit Wachsmalern. Am besten eignen sich dazu Wachsmalblöcke, wenngleich die Kinder sie auch mit normalen Wachsmalstiften bemalen können. Die Ränder der bemalten Spitzendeckchen knicken sie etwas nach innen, damit sie wie hübsche Blüten aussehen.

Wenn die Fingerfarbe auf der Raufasertapete ganz getrocknet ist, kleben die Kinder ihre Blüten mit dicken Klebstoffklecksen auf ihre Wiese. Sie malen mit grünen Wachsmalstiften Stiele und Blätter an die Blüten – und schon ist der Frühling da!

Alles zu Ostern

Riesenosterei

Alter
ab 2 Jahren

Material
Kleisterpulver, Plastikschüssel, Zeitungspapier, weißes, dünnes Seidenpapier (bekommt man in Porzellangeschäften), evtl. Fön, Bastelfarbe, Pinsel, Wasserglas

… das dickste Osterei auf dem Tisch!

In einer kleinen Schüssel rühren die Kinder Wasser mit Kleisterpulver zu dickflüssigem Kleister an. Sie lassen ihn eine kurze Zeit ruhen, dann können sie je nach Bedarf noch ein paar Kleisterpulverkörner oder etwas Wasser einrühren.

In der Zwischenzeit reißen die Kinder ein Zeitungsblatt in große und kleine Stücke. Aus den großen Stücken knubbeln sie erst ein dickes Osterei (10–12 cm lang) zusammen. Dieses streichen sie mit ihren Händen ganz mit Kleister ein und kleben mit Kleister darauf wieder viele kleinere Zeitungsschnipsel, bis ihnen die Ostereiform gefällt. Über jedes einzelne Zeitungspapierstück streichen sie immer wieder eine Kleisterschicht. – Das macht richtig Spaß!

Zum Schluss kleistern die Kinder noch einige weiße Seidenpapierschnipselschichten darüber und legen ihre großen Eier auf einer Plastikunterlage zum Trocknen an einen luftigen, warmen Ort. Es dauert 1 bis 2 Tage bis sie ganz getrocknet sind. Die Kinder können den Trocknungsprozess aber auch mit einem Fön beschleunigen.

Dann endlich können die Kinder ihre Ostereier mit Bastelfarbe bunt bemalen. Entweder sie grundieren die Eier in einer Farbe und malen anschließend Pünktchen und Muster darauf oder sie malen sie rundum fantasievoll bunt an.

Das Küken im Ei und lustige Eierbecher

… und noch eine schöne Idee zum Basteln für den Ostertisch.

Alter
ab 3 Jahren

Material
Eierschale, Wellpappe oder farbiger Karton, Lineal, Bleistift, Schere,Filzstifte, kleine Aufkleber, Klebstoff, Tacker, gelbe Kosmetikwatte

Jedes Kind benötigt für das Küken im Ei eine leere Eierschale von einem geköpften Frühstücksei, die vorher vorsichtig mit warmem Spülwasser ausgewaschen werden sollte.

Als Ring für die Eierschale und auch als lustige Eierbecher für die Ostertischdekoration basteln die Kinder verschiedene Pappringe:

- Sie schneiden Streifen von ca. 2–3 cm x 13 cm aus Wellpappe oder aus anderem farbigen Karton zurecht. In den oberen Rand der Ringe können die Kinder Zacken oder Wellenlinien schneiden.
- Die Ringe aus weißem oder farbigem Fotokarton bemalen die Kinder zusätzlich mit Filzstiften oder verzieren sie mit kleinen Aufklebern.
- Die fertigen Streifen kleben die Kinder zu Ringen zusammen. Ringe aus Wellpappe lassen sich besser zusammentackern.

Für das Küken im Ei setzen die Kinder die Eierschale auf einen Pappring, zupfen ein Stück gelbe Kosmetikwatte zu einer Kugel und kleben sie in die Eierschale. Aus roter Pappe schneiden sie einen kleinen Schnabel und aus blauem Karton zwei Augen zurecht, die sie mit ein paar Tropfen Klebstoff auf das Küken kleben.

Serviettenosterhase

Alter
ab 3 Jahren

Material
Klopapierrolle, Brotmesser, braunes Tonpapier, Schere, Pfeifenputzer, Tacker, weißes Papier, Klebstoff, Servietten

Ob es wirklich jemand übers Herz bringt, diesem Osterhasen die Ohren vom Kopf zu rupfen, um sie am Kaffeetisch als Serviette zu nutzen?

Mit einem Brotmesser schneiden die Kinder ungefähr ein Drittel von einer Klopapierrolle ab. Mit der Schere schneiden sie ein Stück braunes Tonpapier zurecht, das rund um das größere Rollenstück passt. Sie wickeln es um die Rolle und befestigen das Papier mit einem Tacker an der Rolle.

Die Kinder schneiden zwei ca. 5 cm lange Pfeifenputzerstückchen ab und tackern sie als Barthaare an die Rolle. Aus weißem Papier schneiden sie zwei kleine Kreise als Augen aus und kleben sie über die Schnurrbarthaare.

Als Hasenohren falten die Kinder eine auseinandergefaltete Serviette von einer Spitze angefangen bis zur gegenüberliegenden Spitze zu einer Ziehharmonika zusammen, klappen sie einmal in der Mitte zusammen und stecken sie als lange Hasenohren in die Rolle. – Schon ist der lustige Osterhase als Ostertischdekoration fertig.

Buntes Kressenest

Alter
ab 3 Jahren

Material
Blumenuntersetzer aus Ton, Bastelfarbe, dünne Pinsel, Wasserglas, Watte, Kressesamen

Kinder beobachten immer gerne, wie schnell aus Kressesamen kleine Pflanzen entstehen, die sie dann auch noch für ihr Osternest nutzen können.

Die Kinder malen den Rand des Blumenuntersetzers mit Bastelfarben mit schönen, bunten Mustern an und lassen die Farbe trocknen.

Soll das Kressenest genau zu Ostern fertig sein, legen die Kinder den Teller ungefähr 5 Tage vor Ostern mit Watte aus und begießen diese mit Wasser. Auf die feuchte Watte streuen sie die Kressesamen und stellen den Teller auf eine sonnige Fensterbank.

Die Kinder werden sehen, wie die Kresse schon bald zu wachsen beginnt. Zu Ostern stellen sie den grünen Teller auf den Tisch und legen ein paar besonders schöne, gefärbte Ostereier – z. B. Batikeier (S. 24) – oder Schokoladeneier in das Kressenest.

Blumentopf-Eierbecher

Zum Osterfrühstück bekommt jeder Gast seinen ganz persönlichen, originellen Eierbecher.

Die Kinder legen ihren Arbeitsplatz mit Zeitungen aus und stellen sich die Farben, kleine Pinsel und ein Glas mit Wasser zurecht.

Die kleinen Töpfchen bemalen die Kinder ganz nach ihren Vorstellungen mit kleinen Mustern oder Ostermotiven. Sie lassen die Farben trocknen – und schon können sie die Töpfchen als Eierbecher benutzen.
Sollten die Eier in den Bechern versinken, legen die Kinder vorher etwas Ostergras in ihre Becher.

Alter
ab 3 Jahren

Material
kleine Tonblumentöpfchen (Ø ca. 4,5 cm), Zeitungen, Acrylfarbe, kleine Pinsel, Wasserglas, evtl. Ostergras

Tipp:
Ganz kleine Tonblumentöpfchen findet man in Blumengeschäften oder Gartencentern.

Witzige Eierwärmer

Alter
ab 4 Jahren

Material
bunter Filz, Bleistift, scharfe Schere, festes Garn oder Stickgarn, spitze Nadel, Klebstoff, bunte Federn, Schablone „Eierwärmer“ (S. 115)

Witzige Zeitgenossen, diese Eierwärmerküken und -hühner, oder?

Mithilfe der Schablone „Eierwärmer“ übertragen die Kinder zweimal die Form auf eine Filzplatte und schneiden beide aus. Entlang der gebogenen Kante nähen sie die beiden Filzteile mit einer spitzen Nadel und buntem Garn mit einfachen Auf-und-ab-Stichen zusammen. Am Ende der Naht verknoten sie das Fadenende und schneiden den Rest des Fadens ab.

Die so entstandenen Hütchen stülpen die Kinder über ein Ei in einem Eierbecher und verzieren es so, dass ein Küken oder Huhn entsteht. Dafür schneiden sie Augen, Schnäbel und Hahnenkämme aus Filz zu. Die Augen kleben sie an. Schnabel und Hahnenkamm nähen sie entsprechend mit ein paar Stichen an die Hühner bzw. Küken. Als Schwänze oder als Haarschopf stecken sie bunte Federn zwischen die beiden Filzschichten und nähen sie am besten auch mit einem Stich fest oder kleben sie innen etwas an.

Ein Küken schlüpft aus dem Ei

Eine Idee für schon etwas geübte Bastelkinder.

Alter
ab 4 Jahren

Material
weißer und gelber Fotokarton, Bleistift, Schere, Klebstoff, Filzstifte, Nadel und Faden, Schablonen „Küken im Ei 1, 2, 3, 4“ (S. 115)

Für das Küken im Ei übertragen die Kinder mit den Schablonen „Küken im Ei 1, 2 und 3“ die Formen auf den weißen und das Küken mit der Schablone „Küken im Ei 4“ auf den gelben Karton. Zusätzlich übertragen sie dann die Schablone 3 ein zweites Mal auf den weißen Karton.

Sie schneiden alle Formen aus und legen die Teile wie ein Puzzle in die richtige Reihenfolge: Das ganze Ei kommt nach oben. In die Mitte kommen die zwei zusammengehörigen zerbrochenen Eierschalenteile und unten ist das Küken, das noch in einer halben Schale sitzt.

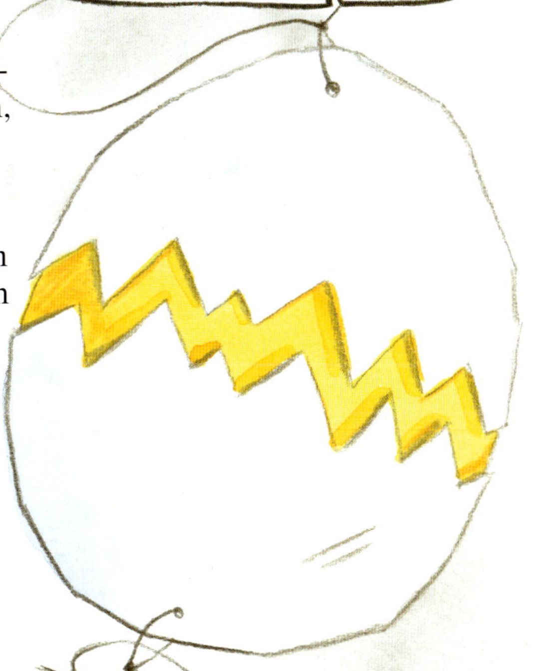

Damit jeder bei dem mittleren Ei sieht, dass dort bald ein Küken schlüpft, kleben die Kinder die beiden Teile mit einem kleinen Abstand auf einen gelben Pappstreifen und schneiden die überstehende gelbe Pappe rechts und links ab.
Für das dritte Teil kleben sie das Küken hinter die zweite untere Eierschalenhälfte und malen ihm mit Filzstiften den Schnabel und das Auge auf.

Zum Schluss verbinden die Kinder die 3 Teile mit Nadel und Faden miteinander. Dabei benötigen auf jeden Fall kleinere Kinder die Hilfe eines Erwachsenen!

Batikeier

Alter
ab 5 Jahren

Material
Eierfärbetabletten, Gläser, Löffel, Essig, Zeitungen, Teelichter, Konservendose, kleiner, alter Topf oder leere Kochtopf, Pinsel, hart gekochte Eier, Haushaltstücher, Speiseöl

… das grenzt an Zauberei!

Die Kinder lösen die Eierfärbetabletten in den Gläsern nach Anweisung in Wasser mit einem Schuss Essig auf und legen ihren Arbeitsplatz mit einer dicken Zeitungsschicht aus. Gemeinsam mit einem Erwachsenen legen sie das Wachs von erst einmal 5 Teelichtern in einen kleinen, alten Topf und stellen ihn in den größeren Topf mit kochendem Wasser, so dass das Wachs in dem Wasserbad schmilzt.

Unter Aufsicht eines Erwachsenen taucht jedes Kind mit einem Pinsel in das heiße (!) flüssige Wachs und malt ein paar kleine Striche, Spiralen oder andere Muster auf ein hartgekochtes Ei. Mit einem Löffel tauchen sie das Ei in eine helle Farbe. Sobald das Ei die helle Farbe gut angenommen hat, nehmen sie es heraus und legen es auf einem Eierkarton zum Trocknen. Sehen die Eier nicht jetzt schon interessant aus?

Sobald die Farbe getrocknet ist, malen die Kinder mit Wachs wieder die gleichen Muster auf andere Stellen der Eier und färben sie dieses Mal in einer etwas dunkleren Farbe. Nach dem Trocknen malen sie noch ein drittes Mal Muster darauf und legen die Eier ein letztes Mal in die dunkelste Farbe.

Sobald auch diese Farbe ganz getrocknet ist, reiben die Kinder die Eier mit einem Haushaltstuch mit ein paar Tropfen Speiseöl ein.

Sind das nicht tolle Ostereier?

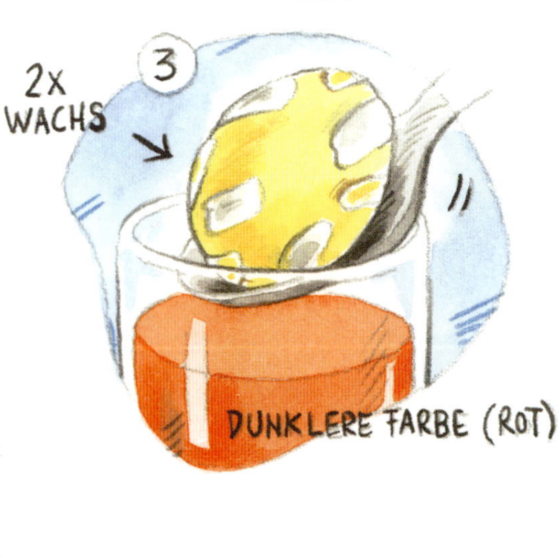

Lustiger Eierkarton

Ein toller Ostertischschmuck, oder?

Alter
ab 3 Jahren

Material
10er-Eierkarton, Schere, Ostergras, bunte Ostereier, kleiner Schokoladenosterhase, bunte Federn, Holzstäbchen, weißer Fotokarton, Klebstoff, Filzstifte

Die Kinder schneiden von einem 10er-Eierkarton den Deckel und die vordere Klappe ab. Sie verteilen etwas Ostergras in den 10 Fächern und setzen ein paar besonders hübsch gefärbte Ostereier – z. B. Batikeier (S. 24) – und einen kleinen Schokoladenosterhasen hinein. Dann stecken sie ein paar bunte Federn dazu.

Aus einem Holzstäbchen, Klebstoff und einem Stück weißen Fotokarton fertigen sie ein Schild, auf das sie mit Filzstiften – mit der Unterstützung eines Erwachsenen – „Frohe Ostern" schreiben. Dieses Schild stecken sie in einen der mittleren Eierkartonzapfen.

Küken im Ring

Alter
ab 4 Jahren

Material
weißer Karton,
gelbe und rote Wellpappe,
Bleistift, Schere, Klebstoff,
blaues Papier,
Ostergras oder Holzwolle,
Nadel und Faden,
Schablonen „Küken im Ring“
(S. 116)

... etwas für schon geübte Bastelkünstler.

Die Kinder übertragen mit einem Bleistift den Ring mit der Schablone „Küken im Ring 1“ auf weißen Karton und das Küken mit der Schablone „Küken im Ring 2“ auf gelbe Wellpappe. Beide Formen schneiden sie aus. Beim Ausschneiden des Ringes darf der innere Kreis ruhig zerschnitten werden, weil er nicht weiter gebraucht wird.

Das Küken kleben die Kinder jetzt unten in den Ring. Aus einem Stück blauen Papier schneiden sie zwei kleine Kreise aus und kleben sie als Augen auf beide Seiten des Kükens. Als Schnabel schneiden sie zwei rote Dreiecke aus Wellpappe aus und kleben sie von beiden Seiten gegeneinander an den Kopf des Kükens.

Unten um das Küken wickeln die Kinder etwas Ostergras oder Holzwolle und kleben es dort fest. Mit Nadel und Faden befestigen sie einen Faden oben an dem Kreis, mit dem sie das Kükenbild im Fenster oder im Zimmer aufhängen können.

Für Schlechtwettertage

Kugelbahn

Alter
ab 2 Jahren

Material
viele Pappröhren, Schere, Fingerfarben, Dorn, Musterklammern, Murmeln

1

2

3

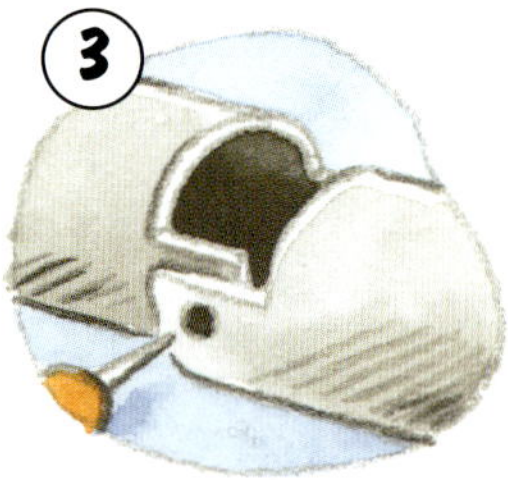

4

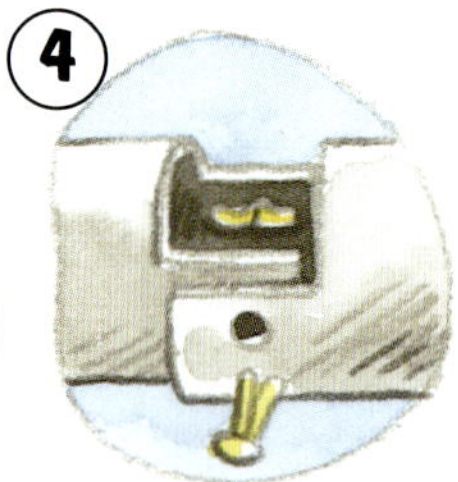

Diese kunterbunte Kugelbahn ist für kleine wie für größere Kinder ein faszinierendes Spielzeug.

Aus ganz vielen Pappröhren bauen die Kinder gemeinsam eine tolle, lange Kugelbahn, Erwachsene helfen ihnen dabei, an jeder Seite der Pappröhre ungefähr ein Drittel des Röhrenumfangs 4 cm tief herauszuschneiden. Dazu schneiden sie den Röhrenrand 2-mal ca. 4 cm tief ein, biegen das kleinere Stück zwischen den Einschnitten nach außen und schneiden es heraus. Genau gegenüber wiederholen sie dies. am anderen Ende der Röhre

Die zugeschnittenen Pappröhren bemalen die Kinder gemeinsam bunt mit Fingerfarben und stellen sie zum Trocknen auf eine Plastikunterlage. Sind die Farben ganz getrocknet, werden die Papprollen miteinander verbunden. Dazu stecken die Kinder jeweils zwei Pappröhren ineinander und stechen mit einem Dorn auf beiden Seiten jeweils ein Loch durch die beiden Röhrenwände. Von außen stecken sie Musterklammern durch die Löcher und biegen die Klammern innen auseinander.

Tipp: Damit die Kugeln später gut durch alle Röhren rollen, schieben die Kinder die neue Rolle immer von der gleichen Seite (z. B. immer von rechts) über das Röhrenende, damit die Kugeln in der Röhre später nicht gegen eine Kante rollen und hängen bleiben können.

Mit Tischen, Stühlen, Polstern und Kissen bauen die Kinder ein Rampe, auf die sie ihre Kugelbahn legen, um dann Glasmurmeln, kleine Bälle und was ihnen sonst noch einfällt durch ihre superlange Kugelbahn sausen zu lassen.

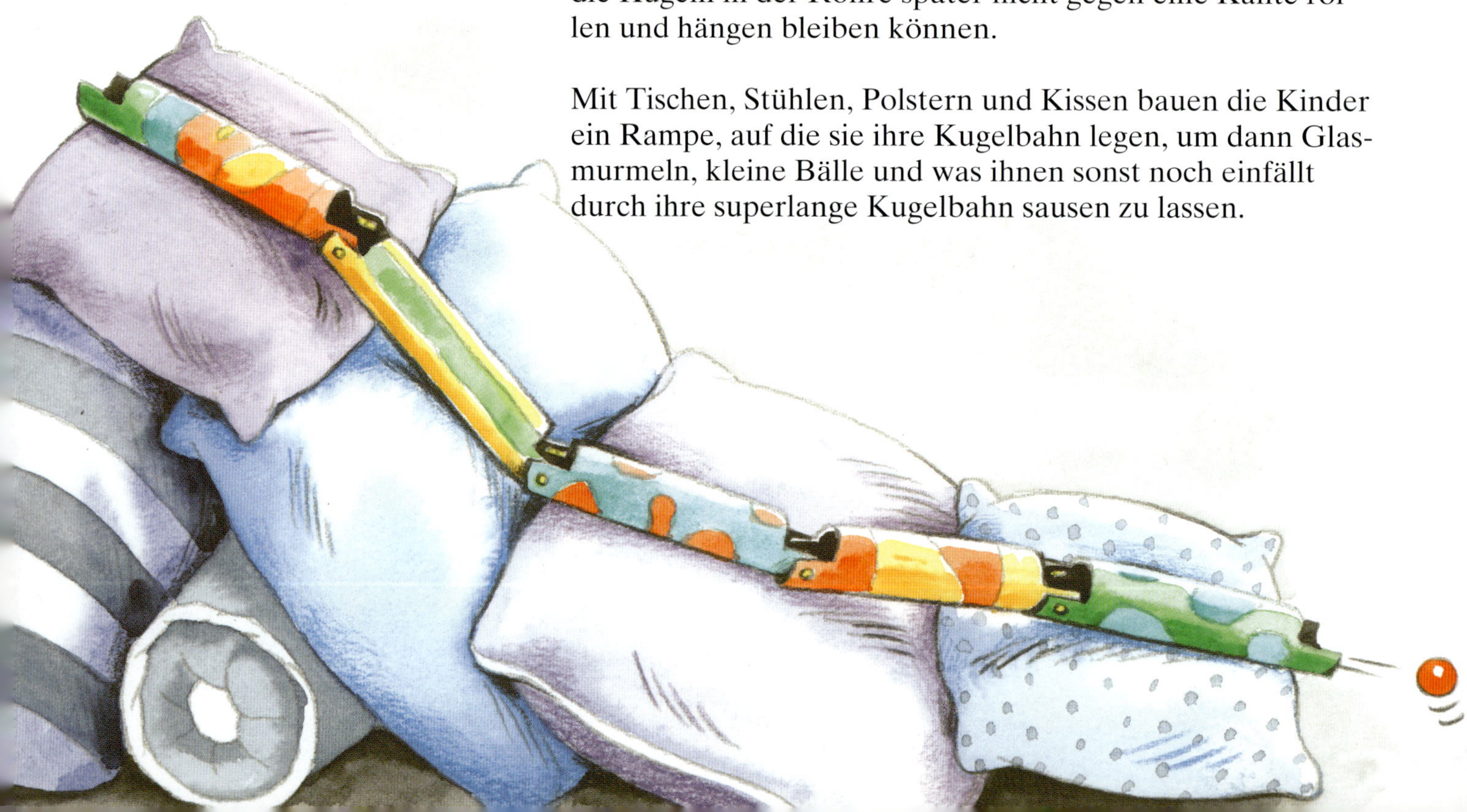

Buntstiftdose

Diese Stiftedosen sehen schön aus und verhindern nebenbei, dass die Stifte allzu oft auf den Boden fallen!

Alter
ab 3 Jahren

Material
runde Dosen, Regenbogenwellpappe oder andere dekorative Pappe, Bleistift, Lineal, Schere, Klebstoff

für die Variante:
Kleisterpulver, kleine Schüssel, Pinsel, Geschenkpapier

Für diese Buntstiftdosen benötigen die Kinder kleine, runde Dosen, in die sie später Buntstifte, Blei- und Filzstifte stellen können.

Die Kinder schneiden aus Regenbogenwellpappe oder anderen dekorativen Pappen oder Papieren für die jeweiligen Dosen passende Stücke zurecht. Diese Stücke kleben sie rund um die Dosen.

Variante: Verzieren mit Kleistertechnik

Die Kinder rühren in einer kleinen Schüssel oder in einem anderen Plastikbehälter mit einem Pinsel etwas Kleisterpulver mit Wasser an.

Die Kinder überlegen sich, ob sie ihre Dose mit vielen bunten Schnipseln bekleben möchten oder ob sie ihre Dose erst nur mit einfarbigen Papierschnipseln bekleben und dann zum Schluss erst ausgesuchte, ganze Geschenkpapiermotive auf diese einfarbige Geschenkpapierschnipselschicht kleistern möchten. Entsprechend reißen sie das Geschenkpapier in kleine Schnipsel.

Haben sie genügend Papierschnipsel, kleistern sie die ganze Dose mit den Händen rundum mit Kleister ein und kleben nach und nach viele Papierschnipsel darauf. Über jedes Stückchen Papier streichen sie immer wieder eine Kleisterschicht, so lange, bis ihre Dosen ganz mit Papierschnipseln beklebt sind.
Bei der einfarbigen Papierschnipseldose kleben sie zum Schluss ihre ausgewählten, gerissenen Geschenkpapiermotive mit Kleister auf und lassen den Kleister trocknen.

Kleine Schatzkisten und Geschenkschachteln

Alter
ab 5 Jahren

Material
buntes Kopierpapier, festes Geschenkpapier oder Fotokarton, Bleistift, Lineal, Schere, Klebstoff, Filzstifte, Aufkleber

Diese Kistchen können Kinder in allen Größen und Farben gebrauchen, sei es für eine Steinsammlung oder sonstige Schätze oder als Verpackung kleiner Geschenke …

Aus farbigem Kopierpapier, festem Geschenkpapier oder Fotokarton können die Kinder tolle, kleine Schatzkisten und Schachteln herstellen. Für größere Schachteln verwenden sie besser festeren Fotokarton.

Für jede Schachtel benötigen die Kinder zwei Quadrate, z. B. in der Größe von 12 x 12 cm. Bei einem der beiden Quadrate schneiden sie an zwei übereck liegenden Seiten jeweils noch einen 2–3 mm kleinen Streifen ab, damit die beiden Schachtelteile später besser aufeinander passen.

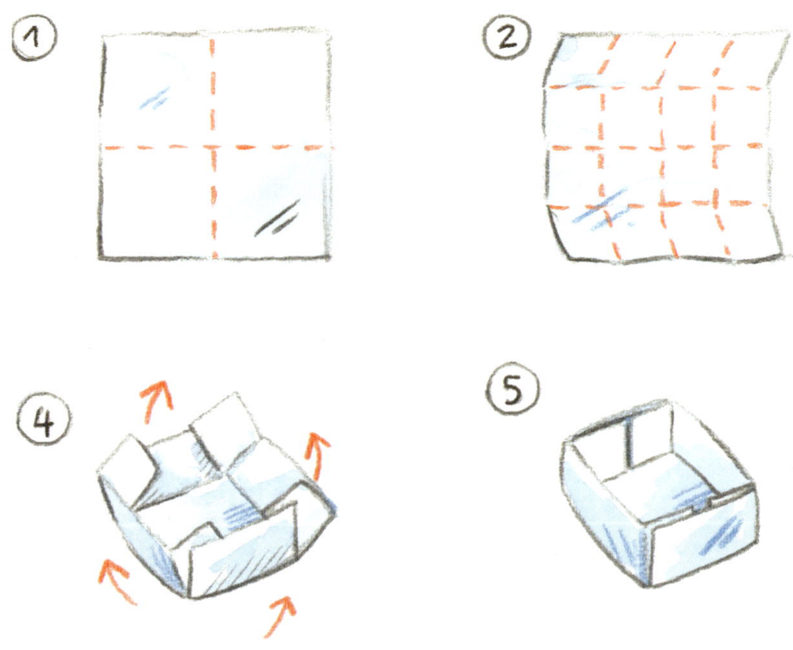

Jedes der beiden Quadrate falten sie dann folgendermaßen:

1. Das Quadrat einmal auf die Hälfte falten und wieder aufklappen. Von der anderen Seite auch zur Hälfte falten und wieder aufklappen. Nun ist in der Mitte ein Kreuz zu sehen.
2. Alle vier Kanten des Quadrates einmal bis zur Mitte falten und jeweils wieder aufklappen. Nun ist das Quadrat in 16 Teile aufgeteilt.
3. An zwei gegenüberliegenden Seiten – wie auf der Abbildung zu sehen – die beiden äußeren Faltlinien ein kleines Quadrat tief einschneiden.
4. Alle vier Kanten rund um die mittleren vier Quadrate senkrecht hochklappen.
5. Die vier kleinen Eckquadrate nach innen um die Ecken kleben.

Tipp: Noch bevor der Klebstoff ganz getrocknet ist, das etwas größere Kästchen über das kleinere zu einer Schachtel zusammenstecken, damit sie auch gut übereinander passen.

Haben die Kinder einfarbiges Papier verwendet, können sie die Schachteln anschließend bemalen, beschriften oder mit Aufklebern verzieren.

Schlüsselanhänger

Alter
ab 4 Jahren

Material
Moosgummi, Schere, Dorn, Lederband, Glöckchen, kleine Perlen mit dicken Löchern, Schlüsselring

Schlüssel begleiten uns tagtäglich und überall hin. Da ist ein hübscher Schlüsselanhänger doch eine super Geschenkidee für jeden Anlass.

Aus Moosgummi schneiden die Kinder Quadrate in der Größe von ungefähr 2,5 x 2,5 cm zurecht. Wenn sie möchten, können sie natürlich auch Dreiecke oder Kreise ungefähr in der gleichen Größe zuschneiden.
Mit einem Dorn stechen sie jeweils in die Mitte der ausgeschnittenen Moosgummiformen ein Loch.

Auf ein Lederband fädeln sie ein Glöckchen bis zur Mitte, legen die beiden Bandenden zusammen und machen mit beiden Bandenden einen dicken Knoten kurz über dem Glöckchen.

Immer abwechselnd fädeln die Kinder ein Stück Moosgummi und eine Perle auf das Band, indem sie immer beide Fadenenden durch die Moosgummistücke und die Perlen ziehen.
Nach ungefähr 8 cm binden sie als Abschluss einen Schlüsselring mit einem (Doppel-)Knoten fest an das Lederband und schneiden die Bandenden nicht zu kurz ab, damit sich der Knoten nicht wieder lösen kann.

Bleistiftfiguren

Diese Figuren lassen sich schnell mal zwischendurch basteln – der Fantasie der Kinder sind dabei kaum Grenzen gesetzt!

Alter
ab 4 Jahren

Material
Wattekugeln (3 cm), Dorn, Blei- oder Buntstifte, Filzstifte, Wollreste, Schere, gelbe Kosmetikwatte, Klebstoff, Hut (z. B. eine Flaschenverschlusskappe), Bänder, Papier, Pfeifenputzerdraht, Fingerfarbe

Die Kinder stechen mit einem Dorn ein dickes Loch in eine Wattekugel, so dass sie einen Blei- oder Buntstift mit dem Ende fest hineinstecken können. Das ist ein bisschen schwierig, aber mit Hilfe eines Erwachsenen geht's.

Auf die Kugeln malen die Kinder mit Filzstift die Gesichter, kleben Haare aus Wollresten oder gelber Watte an, vielleicht flechten sie ihren Püppchen Zöpfe, binden ihnen Schleifchen ins Haar, setzen ihnen eventuell eine Krone aus Papier oder einen selbst gebastelten oder fertigen Hut (z. B. von einer Flaschenverschlusskappe) auf oder – ganz anders – sie machen ihnen Stachelhaare aus Pfeifenputzerstückchen.

Die Kugeln können die Kinder auch mit Fingerfarben anmalen, daraus Vögel, Smileys oder Frösche machen, und, und, und …

Villa Kunterbunt

Alter
ab 2 Jahren

Material
ein großer Pappkarton, Cuttermesser, Fingerfarben, Pinsel, Stoffreste, Schere, Musterklammern, Dorn, Kordel, Glocke

Ein tolles Spielzeug für jegliche Formen des Rollenspieles ist eine selbst gebaute „Villa Kunterbunt“.

Vorbereitung: Erwachsene schneiden mit einem Cuttermesser für die Kinder eine Tür, Fenster und einen Briefschlitz in den riesigen Pappkarton.

Die Kinder malen ihr Eigenheim bunt mit Fingerfarben an und lassen dabei ihrer Fantasie freien Lauf. So können sie das Dach rot anmalen, größere Kinder können den Namen „Villa Kunterbunt“ auf das Haus, die Hausnummer und über den Briefschlitz „Briefe“ schreiben, Blumen und Bäume auf die Hauswände malen.

Wenn das Haus fertig bemalt und die Farben trocken sind,

- schneiden die Kinder für Gardinen aus Stoffresten passende Stoffstücke zu. Diese befestigen sie an dem Haus, indem sie mit einem Dorn oberhalb der Fenster gleichzeitig Löcher durch das Papphaus und die Gardinen stechen und den Stoff dann mit Musterklammern festklammern.
- An eine Kordel binden sie eine Glocke als Hausklingel. Sie stechen zwei Löcher oben neben der Tür in den Karton fädeln die Kordelenden von außen nach innen und knoten sie innen im Karton fest.

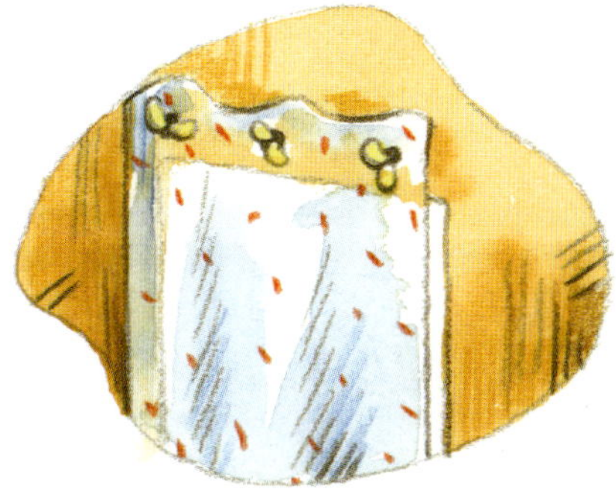

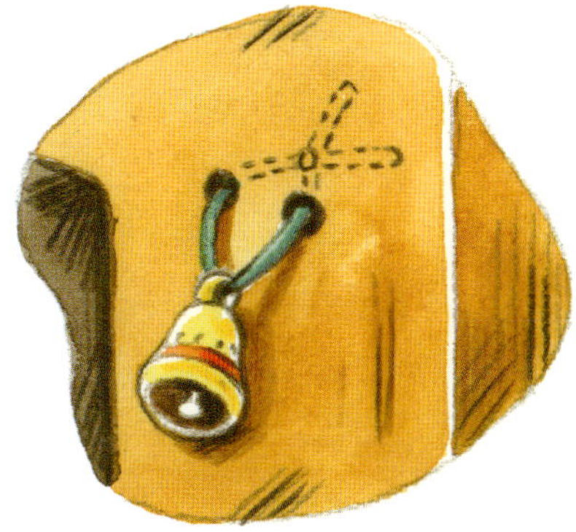

Je nach Spielwünschen der Kinder machen sie es sich mit Kissen und Decken in ihrem Haus gemütlich. So lässt sich z.B. ein Schlechtwettertag gut aushalten.
Vielleicht dient das Haus aber auch als Kulisse für Kasperlespiele aus dem Fenster oder als neues Zuhause für Puppe, Stofftier & Co. In solch einem Haus ließe sich vielleicht sogar eine gute Nacht verbringen …

Schuhkarton-Autofähre

Eine geniale Idee, diese selbst gebaute Autofähre – da sind alle Kinder lange mit beschäftigt.

Alter
ab 4 Jahren

Material
Schuhkarton (möglichst weiß), Schere, Dorn, Musterklammern, Klopapierrolle, Klebstoff, Finger- oder Bastelfarbe, evtl. weiße Wandfarbe, Pinsel, Wasserglas, Watte

Am besten eignen sich für diese Fähren weiße Schuhkartons, wenngleich den Kindern sicherlich auch immer Bemalungen für bedruckte Kartons einfallen!

Für die Auffahrrampen schneiden die Kinder an den beiden kurzen Schuhkartonseiten ca. 3 cm von den Ecken entfernt jeweils zweimal senkrecht bis zum Kartonboden. Die restlichen Kartonseiten schneiden sie rundum bis auf eine Höhe von ca. 3 cm ab.

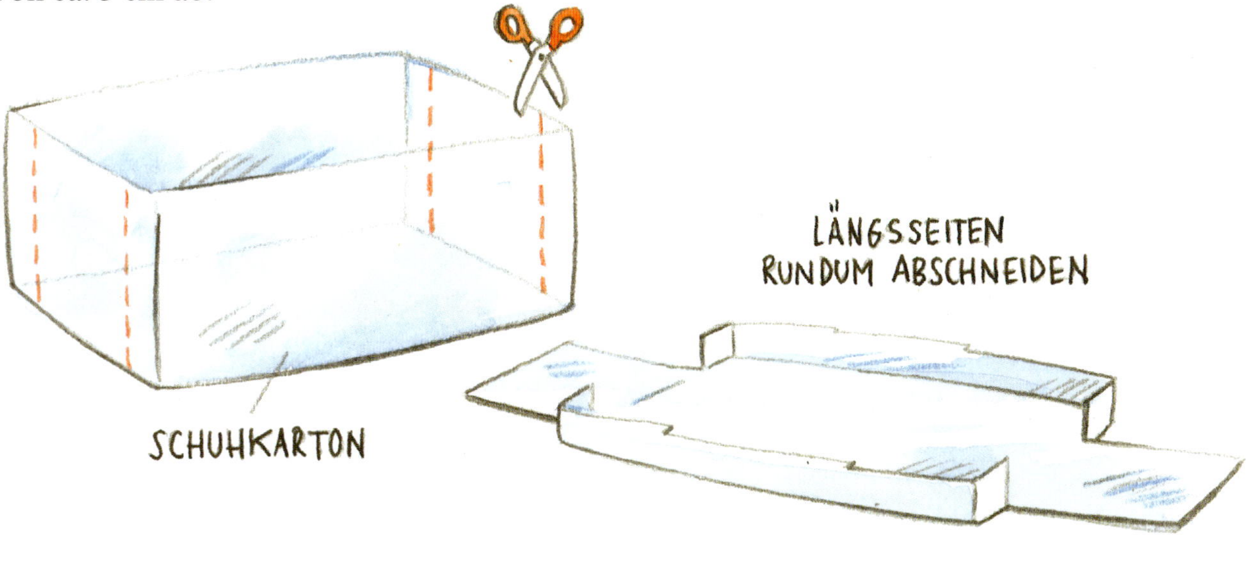

Aus einem der abgeschnittenen Kartonstücke formen die Kinder ein Dach für ihre Fähre. Dieses befestigen sie an der Fähre, indem sie mit einem Dorn gleichzeitig durch die Fährenseitenwand und das Dach an jeder Seite 2 Löcher stechen und das Dach mit Musterklammern mit der Fähre verbinden.

Für den Schornstein schneiden sie zunächst ein Stück der Klopapierrolle ab, schneiden die Rolle an einer Seite ein paarmal etwas ein und knicken die eingeschnittenen Stücke nach außen. Den Schornstein befestigen sie mit Klebstoff auf dem Dach der Fähre und kleben ein Stück Watte als Rauch hinein.

Aus den kurzen Seiten des Schuhkartondeckels schneiden die Kinder zwei Schranken zu, die sie auch mit Musterklammern befestigen.

Zum Schluss bemalen die Kinder ihre Fähre mit Finger- oder Bastelfarben. Das Wichtigste dabei ist natürlich die Fahrspur auf dem Boden der Fähre. Für die weißen Mittelstriche können die Kinder auch einfache, weiße Raumwandfarbe benutzen.

Sobald die Farbe getrocknet ist, können die Autos der Kinder mit der Autofähre über den „Fußbodensee“ transportiert werden.

Wackelrabe

Ist das nicht ein lustiges, schwarzes Federvieh?

Alter
ab 3 Jahren

Material
2 runde Bierdeckel, 1 etwas größerer Bierdeckel (oder fester Karton), Schere, Tacker, schwarze Bastelfarbe, Pinsel, Wasserglas, Dorn, Musterklammern, etwas rotes und weißes Papier, Klebstoff

Sollten nicht unterschiedlich große Bierdeckel zur Verfügung stehen, können die Kinder sich den größeren Kreis auch selber basteln: Dazu legen sie einen Teller, der etwas größer ist als ihr Bierdeckel, auf ein Stück feste Pappe, ummalen ihn mit einem Bleistift und schneiden den Kreis aus.

Der dicke Kreis ist der Bauch des Raben und ein normaler Bierdeckel der Kopf. Einen zweiten Bierdeckel schneiden die Kinder in der Mitte durch – das sind die Flügel des Raben.

Nun tackern die Kinder den Kopf an den Bauch und malen den ganzen Körper des Raben sowie die beiden Flügelhälften mit schwarzer Bastelfarbe an und lassen die Farbe trocknen.

Die Halbkreise legen sie als Flügel mit den Spitzen an den passenden Stellen unter den Raben und pieksen vorsichtig mit einem Dorn an jeder Seite gleichzeitig durch den Bauch und die Flügel. Mit zwei Musterklammern befestigen sie die Flügel an dem Raben.

Aus weißem Papier schneiden die Kinder zwei Augen und aus rotem Papier einen Schnabel aus. Diese kleben sie auf den Raben.

Mondmobile

Alter
ab 4 Jahren

Material
silberne und regenbogenfarbene Wellpappe, Kugelschreiber, Schere, Nadel und Nähgarn, Schablonen „Mondmobile 1, 2 und 3“ (S. 116)

Der silbern leuchtende Mond in Begleitung seiner regenbogenfarbenen Sterne lädt nicht nur bei schlechtem Wetter zum Träumen ein!

Die Form des Mondes übertragen die Kinder mit einem Kugelschreiber mithilfe der Schablone „Mondmobile 1“ zweimal so auf einen Bogen silberner Wellpappe, dass die Öffnung der Sichel einmal nach rechts, einmal nach links zeigt. Sie schneiden beide Teile aus und kleben die Rückseiten der Monde mit Klebstoff zusammen.

Aus einem Stück blauer Wellpappe schneiden sie 2 Kreise als Augen aus und kleben ein Auge auf jede Seite des Mondes. Dann malen die Kinder mithilfe der Schablonen „Mondmobile 2 und 3“ drei oder vier Sterne auf bunte Wellpappe und schneiden sie aus.

Mit Nadel und Faden befestigen die Kinder die Sterne in unterschiedlichen Höhen an den Mond. Dabei benötigen kleinere Kinder auf jeden Fall die Hilfe von Erwachsenen. Zum Schluss nähen sie einen etwas festeren Faden oben an den Mond, an dem sie das schöne Mobile in ihrem Zimmer aufhängen können.

Alles für die schönsten Kindergeburtstage

Geburtstagsraupe

Alter
ab 2 Jahren

Material
runde Bierdeckel (Anzahl: 1 „Kopf" + Alter des Geburtstagskindes), Fingerfarben, evtl. Föhn, Dorn, Musterklammern, Pfeifenputzerdraht, Schere, Teelichter

Schön an dieser Geburtstagsraupe ist, dass sie kein Ende kennt und sich unendlich verlängern lässt. Wie sieht sie wohl mit 20, 40 oder an Omas Geburtstag mit 60 … Deckeln und Kerzen aus?

Die Kinder bemalen die runden Bierdeckel in verschiedenen Farbtönen mit Fingerfarben und lassen die Farben trocknen. Sollen die Deckel besonders schnell trocknen, können die Kinder mit einem Föhn nachhelfen!

Mithilfe eines Erwachsenen stechen sie mit einem Dorn in jeden Bierdeckel zwei sich gegenüberliegende Löcher und verbinden die Bierdeckel mit Musterklammern zu einer Raupe.

Auf den ersten Bierdeckel malen sie der Raupe ein Auge und einen Mund. Für die Fühler stechen sie oben am Kopf in den Deckel 2 weitere Löcher. Vom Pfeifenputzerdraht schneiden sie 2 Stücke ab, stecken sie jeweils bis zur Mitte durch ein Loch und verdrehen die beiden Enden jeweils umeinander.

Die Kinder stellen dem Alter des Geburtstagskindes entsprechend viele Teelichter auf die Raupe – und die Geburtstagsfeier kann beginnen.

Tischkärtchen

Oft ist es sinnvoll, Kindern bei einem Fest am Anfang einen festen Platz zuzuteilen. Tischkärtchen leisten hierfür einen sinnvollen wie dekorativen Beitrag und sind auch von den Kleinen schnell gemacht.

Alter
ab 3 Jahren

Material
weißer Fotokarton, Bleistift, Lineal, Schere, Finger- oder Bastelfarben, Filzstifte

Die Kinder malen mit einem Bleistift und einem Lineal ein Rechteck in der Größe von 10 x 12 cm auf weißen Fotokarton und schneiden es aus. Sie legen die beiden kürzeren Kanten aufeinander und falten so das Tischkärtchen einmal in der Mitte zusammen.

Mit Bastelfarbe drucken sie in einer Ecke der Kartenvorderseite mit den Fingern bunte Punkte. Für Marienkäfer verwenden sie rote Farbe, für Küken gelbe und für andere Vögelchen beliebig bunte Farben.

Die Farben lassen sie trocknen und malen mit dünnen Filzstiften Beine, Augen und Schnäbel an die Vögel und Beine und Punkte an die Marienkäfer. Kinder, die schon ein paar Buchstaben schreiben können, malen die Namen selber auf die Karten, für kleinere Kinder übernehmen das die Großen.

Bunte Kerzen mit Knetwachs

Alter
ab 3 Jahren

Material
weiße Haushaltskerzen, große Teelichter oder andere Kerzen, Papierunterlage, buntes Knetwachs, evtl. kleines Messer

Hinweis: Knetwachs gibt es in Bastelgeschäften.

Mit Knetwachs lässt sich jede einfache Kerze von den Kindern wunderschön verzieren.

Auf einer Papierunterlage legen die Kinder sich die Materialien zurecht. Sie zupfen kleine Stückchen von den bunten Wachsplatten ab, formen sie ganz nach ihren Vorstellungen wie Knete und drücken die geformten Stückchen einfach auf die Kerze.

So verzieren sie die Kerzen mit kleinen, bunten Punkten, Sternen oder anderen einfachen Motiven. Sie können auch versuchen, kleine Formen mit einem kleinen Messer auszuschneiden und diese dann auf die Kerzen zu drücken.

Unverwechselbare Strohhalme

Alter
ab 2 Jahren

Material
Strohhalme, buntes Papier, Schere, Tacker, Filzstifte, Aufkleber

Damit die Kinder ihre Gläser auf dem Fest immer wieder erkennen, kennzeichnen sie ihre Strohhalme und machen sie unverwechselbar.

Die Kinder falten ein kleines Stück buntes Papier einmal zusammen und schneiden aus dem doppelt liegenden Papier von der gefalteten Kante aus ein Dreieck.
Dieses Fähnchen legen sie unterhalb der Knickstelle um einen Strohhalm und tackern es dort fest, natürlich ohne den Strohhalm zu beschädigen!

Nun schreiben sie mithilfe eines Erwachsenen ihren Namen drauf oder kleben zur Wiedererkennung einen bunten Aufkleber auf das Fähnchen.

Klammerschiffchen

Als Geburtstagstischdekoration oder als Tischnamensschilder basteln die Kinder sich diese Segelschiffe.

Alter
ab 3 Jahren

Material
Holzwäscheklammern, Schaschlikstäbchen, Moosgummi, Schere, wasserfeste Filzstifte, Gummibärchen

Dafür brechen sie ein Schaschlikstäbchen durch, so dass das Ende mit der Spitze eine Länge von ca. 9 cm hat. Dieses klemmen sie mit dem abgebrochenen Ende in eine Wäscheklammer – die Spitze zeigt nach oben.
Aus Moosgummi schneiden sie Segel und kleine Fahnen zu, die sie dann auf das Schaschlikstäbchen pieksen.
Mit einem wasserfesten Filzstift können sie Muster, Zahlen oder ihre Namen auf die Segel malen. Zum Schluss setzen sie ein Gummibärchen als Kapitän auf jede Klammer.

Serviettenringe

Alter
ab 3 Jahren

Material
Klopapierrollen, Sägemesser, Geschenkpapier oder schönes Papier, Schere, Klebstoff, Materialien zum Verzieren (Aufkleber, Naturbast, Geschenkband, Federn, Perlen, Wellpappe)

Diese bunten Serviettenringe sind praktisch und dekorativ zugleich!

Die Kinder teilen Klopapierrollen mithilfe eines Erwachsenen mit einem Sägemesser jeweils in drei Teile. Diese Ringe verzieren sie nach eigenen Vorstellungen. Sie suchen sich ein Geschenkpapier oder anderes schönes Papier aus, schneiden einen Papierstreifen zurecht und kleben diesen rund um die Rolle. Die überstehenden Papierkanten klappen sie nach innen und kleben sie fest.

Die bunten Ringe können die Kinder schon so als Serviettenringe benutzen.
Sie können sie aber auch noch weiter verzieren, z. B.:

- Die Ringe mit Aufklebern bekleben oder mit Geschenkbändern umwickeln.
- Ausgeschnittene Motive aus Wellpappe auf die Ringe tackern.
- Naturbast um die Ringe binden und an die Enden der Bänder kleine Aufkleber kleben.
- Bunte Federn mit Bändern an die Ringe binden und/oder bunte kleine Perlen auf die Bandenden ziehen und verknoten.

Die Kinder können hierbei ihrer Fantasie freien Lauf lassen!

Kugelfangbecher

Ein Spiel, das auch nach dem Fest noch viel Spaß macht.

Alter
ab 3 Jahren

Material
weißer Joghurtbecher (500 g), Pinsel, Acrylfarben, Wasserglas, evtl. Aufkleber, weiches Band, Schere, 1 dicke Holzperle, Dorn, 1 Streichholz

Hinweis: Große 500-g-Joghurtbecher eignen sich besonders gut für diesen Fangbecher, weil die Etiketten dieser Becher meist gut ablösbar sind und die dann ganz weißen Becher von den Kindern gut bemalt werden können.

Die Kinder bemalen den Becher mit einem kleinen Pinsel und Acrylfarben ganz nach ihren Vorstellungen. Acrylfarben sind wasserlöslich, aber nach der Trocknung wasserfest. Wichtig ist, dass die Kinder die Farbe nicht zu dick auftragen, da die Farbe sonst an den Becherwänden herunterläuft. Die Farbe auf den fertig bemalten Becher muss eine Zeit trocknen. Alternativ zur Bemalung der Becher, können die Kinder die Becher auch mit schönen Aufklebern verzieren.

Für die Schnur schneiden die Kinder ein ca. 70 cm langes Stück des weichen Bandes ab. Sie ziehen eine dicke Holzperle bis zur Mitte des Bandes und knoten die Perle dort fest.

Mit einem Dorn oder einem anderen spitzen Gegenstand stechen sie – evtl. mithilfe eines Erwachsenen – ein Loch in die Mitte des Becherbodens. Durch dieses Loch ziehen sie die beiden Bandenden von außen nach innen. Im Abstand von ca. 30 cm von der Kugel entfernt knoten die Kinder die beiden Bandenden in dem Becher mit einem Knoten zusammen. Sie knicken den Kopf eines Streichholzes ab, knoten es in dem Becher an dem Bandende fest und ziehen das Band an der Kugel ganz nach außen. So kann das Band nicht mehr aus dem Becher herausrutschen.

Spielablauf
Die Kinder nehmen den Becher in eine Hand und schleudern die Kugel so in die Luft, dass die Kugel in dem Becher landet, ohne dabei die andere Hand zur Hilfe zu nehmen.

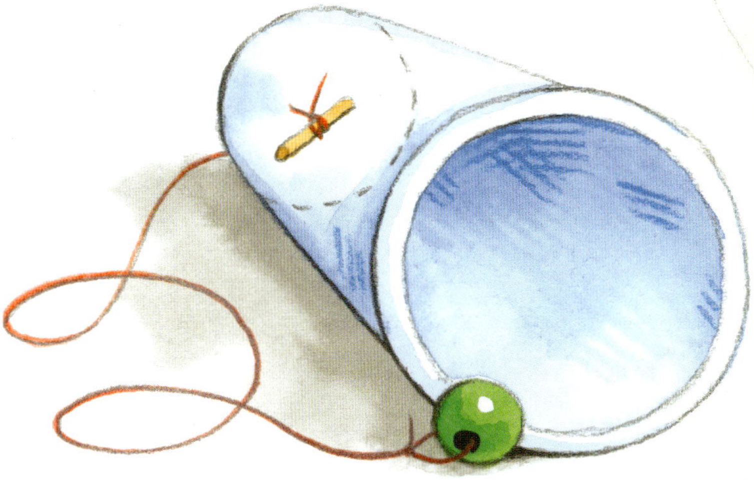

Schatzfühlkiste

Alter
ab 2 Jahren

Material
weißer Pappkarton mit Deckel, Wachsmalstifte oder Fingerfarben, Schere, Stoffreste, Tacker, unterschiedliche Materialien (z. B. Watte, Papier, Schwämme, Stoff …) und Gegenstände (z. B. Spielzeuge, Bälle, Autos, Murmeln, Löffel …)

Wer erkennt den verborgenen Schatz? Mit diesen Fühlkistchen schulen die Kinder ihren Tastsinn.

Die Kinder bemalen gemeinsam einen Pappkarton ganz nach ihren Vorstellungen mit Wachsmalstiften oder Fingerfarben. Schön sieht es auch aus, wenn alle gemeinsam einen Karton mit bunten Fingerfarbenhandabdrücken verzieren.

Sobald die Farben getrocknet sind, schneiden die Kinder in eine Wand des Kartons – mit Unterstützung eines Erwachsenen – ein Loch, das so groß sein soll, dass eine Kinderhand gerade so eben hindurchpasst. Sie schneiden ein Stück Stoff zurecht, das sie mit einem Tacker innen im Karton an die obere Kante vor das ausgeschnittene Loch tackern, damit niemand mehr hineinsehen kann.

Nun legt ein Erwachsener den Kindern nacheinander unterschiedliche Materialien (Watte, Papier, Schwämme, Stoff …) oder Gegenstände (Spielzeuge, Bälle, Autos, Murmeln, Löffel …) in den Karton. Die Kinder müssen dann nur durch Tasten herausfinden, was sich in ihrer Schatzkiste befindet.

Großen Spaß macht es den Kindern auch, wenn sie sich gegenseitig Gegenstände zum Erraten in den Karton legen.

Sockenpuppen

Ganz lustige Handpuppen können die Kinder sich aus alten Socken und anderen alltäglichen Bastelmaterialien ganz schnell selbst herstellen.

Alter
ab 5 Jahren

Material
alte Socken, Watte, Band, Wollreste, Schere, dicke Stopfnadel, Nähgarn, Knöpfe, Filzstifte, viereckigen Karton, bunten Karton, Klebstoff, Perlen, festen Karton, Wattekugeln, Filz

Je nach vorhandenen Materialien und Fantasie entstehen die unterschiedlichsten Sockenpuppen, z. B.:

Für den **Kopf** stopfen die Kinder Watte in eine alte Socke und wickeln ein Stück Band um den Hals; aber nur so fest, dass sie später noch einen Finger in den Kopf stecken können. Soll ihre Sockenpuppe einen eckigen Kopf haben, stecken sie eine eckige Pappschachtel in die Socke, und binden den Hals wie oben beschrieben ab.

Für die **Frisur** schneiden sie ein Büschel Wollhaare zurecht, knoten das Büschel Wollfäden in der Mitte mit einem Wollfaden zusammen und nähen es mithilfe einer dicken Stopfnadel auf den Kopf.

Als **Augen** nähen sie Knöpfe auf die Puppe oder kleben ihr kleine Pappkreise ins Gesicht.

Als **Nase** nähen sie eine Holzperle auf oder malen mit Filzstiften eine Nase und einen **Mund** in das Gesicht.

Besonderen Reiz als Handpuppen haben bei Kindern immer wieder **Großmaul-Tiere**, die richtig zuschnappen können!

Dazu schneiden die Kinder ein Stück feste Pappe zu, das so lang und breit ist wie die Fußsohle der Socke. Sie runden die Ecken mit einer Schere ab und stecken das Pappoval in die Socke. Sie greifen in die Socke und knicken das Pappstück an einer Stelle zusammen, so dass das Maul entsteht.

Als Augen nähen sie z. B. für ein Krokodil 2 Wattekugeln auf und malen mit Filzstiften Pupillen darauf. Aus rotem Filz schneiden sie eine Zunge zurecht und nähen sie in das Maul. Uuuaahh!!

Sommer, Wasser und Sonne

Strahlende Sonne

Alter
ab 3 Jahren

Material
2 Pappteller, Fingerfarben, gelber Karton, Schere, Tacker, Nadel und Faden

Wer wünscht sich das nicht – eine Sonne, die immer scheint!

Die Kinder bemalen für eine Sonne die Unterseiten von zwei Papptellern ganz mit gelber Fingerfarbe. Dann malen sie mit einer dunklen Fingerfarbe auf eine gelbe Papptellerseite ein strahlendes Sonnengesicht.

Während die Farbe trocknet, schneiden die Kinder aus dem gelben Karton einige ca. 2 cm breite, ganz unterschiedlich lange Streifen als Sonnenstrahlen zu.

Wenn die Fingerfarbe getrocknet ist, legen sie die beiden Teller mit den Innenseiten aufeinander, stecken einen Sonnenstrahl dazwischen und tackern die beiden Teller mit dem Sonnenstrahl zusammen.
So befestigen sie nach und nach einen Sonnenstrahl nach dem anderen an ihrer Sonne.

Zum Schluss knoten sie mit einer Nadel einen Faden zum Aufhängen an der Sonne fest.

Fächer

Wer freut sich bei großer Hitze nicht über ein bisschen frischen Wind?

Alle Kinder ziehen sich am besten alte Sachen oder Malkittel an, da es bei dieser Aktion sehr bunt hergehen kann.

Für einen Fächer benötigt jedes Kind ein großes, weißes Blatt Papier (DIN A3). Auf die Papiere malen die Kinder mit Wasserfarben Streifen und Muster oder spritzen mit dem Pinsel Farbkleckse auf das Papier. Sie lassen die Farben etwas trocknen und bemalen oder bespritzen das Papier in dem gleichen Muster auch auf der anderen Seite.

Wenn die Farben fast trocken sind, legen die Kinder ihr Papier unter eine Unterlage, damit das Papier gepresst und dadurch wieder ganz glatt wird. Erst wenn das Papier ganz trocken und glatt ist, beginnen die Kinder mit dem Falten des Fächers.

Sie legen das Papier mit der kurzen Seite vor sich hin und falten eine Kante ca. 2 bis 3 cm um. Sie drehen das Blatt um und falten es erneut. Dieses wiederholen sie laufend, so dass eine Ziehharmonika entsteht.

Ist die Ziehharmonika fertig, falten sie diese einmal in der Mitte zusammen und kleben die beiden aufeinander liegenden Kanten in der Mitte zusammen.

Sobald der Klebstoff ganz getrocknet ist, ist der Fächer einsatzbereit und die Hitze kann kommen!

Alter
ab 3 Jahren

Material
weißes Papier (DIN A3), Wasserfarben, Pinsel, Wasserglas, Klebstoff

Marienkäfer, Bienen, Frösche & Co

Alter
ab 2 Jahren

Material
alte Zeitungen, runde Bierdeckel, Finger- oder Bastelfarben, Pinsel, Wasserglas, Dorn, Pfeifenputzer, Schere, Wollreste, Tacker

Was wäre ein Sommer ohne Marienkäfer, Bienen, Frösche & Co!

Auf einem mit Zeitungen ausgelegten Arbeitsplatz bemalen die Kinder je nach gewähltem Tier die runden Bierdeckel mit den Fingern oder mit einem Pinsel ganz an, z.B. rot für Marienkäfer, gelb für Bienen und grün für Frösche. Natürlich können sich die Kinder auch Fantasiefiguren ausdenken und mit anderen Grundfarben anmalen.

Die Farbe lassen sie etwas trocknen und bemalen dann mit den Fingern die Deckel mit Punkten, Linien, Augen und Mund, so dass Marienkäfer, Bienen, Frösche und Fantasiefiguren entstehen.

Wenn die Farben ganz getrocknet sind, machen die Kinder den Bienen und Käfern Fühler, indem sie – mithilfe eines Erwachsenen – oben am Kopf mit dem Dorn zwei Löcher in die Bierdeckel bohren. Sie schneiden zwei Stücke Pfeifenputzer ab, stecken sie durch die Löcher und verdrehen die beiden Enden eines jeden Fühlers zur Befestigung miteinander. Ihren Fantasiefiguren können sie aus Pfeifenputzerdrähten auch Haare, Beine oder Schnäbel machen oder ein Büschel Wollfäden als Haarschopf an den Kopf tackern … So entstehen richtig lustige Gesellen.

Gartentischlaterne

Richtig zur Geltung kommen die kleinen Gartenlaternen am Abend, wenn sie in der Dämmerung für stimmungsvolle Beleuchtung sorgen.

Die Kinder haben die Möglichkeit, ihre Butterbrottüten mit unterschiedlichen Techniken zu verzieren, z.B. mit bunten Aufklebern bekleben oder mit Wachsmalblöcken und Wachsmalstiften bemalen. Vor dem Bemalen der Tüten stecken die Kinder am besten ein Stück Pappe in jede Tüte. Dann erst gestalten sie ihre Tüten mit schönen Mustern und Motiven.

Für größere Kinder ist die Verzierung der Tüten mit kleinen Marienkäfern eine andere schöne Technik. Dazu lassen die Kinder unter Aufsicht eines Erwachsenen dicke Wachstropfen von einer roten, durchgefärbten Kerze auf die Tüte fallen. Sobald die Wachstropfen getrocknet sind, malen die Kinder mit einem wasserfesten Stift kleine Punkte und Linien auf die Wachstropfen und kleine Striche als Beine rund um die roten Tropfen.

Zum Schluss stellen die Kinder ein Glas in ihre Tüte und setzen ein Teelicht hinein.

Alter
ab 2 Jahren

Material
Butterbrottüten, Aufkleber, Wachsmalblöcke, Wachsmalstifte, Pappe, rote Haushaltskerze (durchgefärbt), Streichhölzer, dünner, wasserfester, schwarzer Filzstift, Gläser, Teelichter

Sternen- und Blütenzauber

Alter
ab 5 Jahren

Material
buntes Faltpapier, Bleistift, Schere, große, flache Schale, evtl. Buntstifte/Kugelschreiber, Schablonen „Sternenzauber und Blütenzauber“, S. 117

Mit etwas Wasser und Geduld öffnen sich Sterne und Blüten wie von Zauberhand!

Mithilfe der beiden Schablonen „Sternenzauber und Blütenzauber“ malen die Kinder mit einem Bleistift mehrere Sterne oder Blüten auf verschiedene, unterschiedlich farbige Faltpapierblätter. Sie schneiden die Formen möglichst genau aus und klappen alle Sternzacken oder Blütenblätter sorgfältig nach innen. Die Kanten falzen sie mit den Fingernägeln.

In eine große flache Schale füllen die Kinder Wasser und setzen die zusammengefalteten Sterne oder Blüten der Reihe nach auf die Wasserfläche. Dann brauchen sie nur einen Moment lang zu warten. Bald schon können sie mit Erstaunen zusehen, wie die Sterne ihre Zacken und die Blüten ihre Blätter langsam von alleine öffnen.

Mit diesem lustigen Effekt können die Kinder auch schöne Spiele erfinden. So könnte z. B. jedes Kind in einen Stern oder eine Blüte mit Buntstiften oder Kugelschreibern ein Bild malen oder einen Wunsch schreiben, bevor sie die Zacken bzw. Blätter schließen. Sie setzen die Sterne und Blüten auf das Wasser und die Kinder raten gegenseitig, wer wohl welches Bild gemalt oder wer sich was gewünscht hat.

Tennisflugball

Bei diesem lustigen Ball sorgen die Flatterbänder für faszinierende Flugbahnen!

Alter
ab 3 Jahren

Material
1 Tennisball, Sägemesser, Krepppapier oder 1 Plastiktragetasche, Schere, Lineal

Große Kinder sägen mithilfe eines Erwachsenen mit einem Sägemesser ein Kreuz in den Tennisball. Für kleinere Kinder übernimmt dies auf jeden Fall ein Erwachsener.

Die Flatterbänder des Tennisflugballs können die Kinder sowohl aus Krepppapier als auch aus einer Plastiktragetasche herstellen. Hierzu schneiden sie für jeden Ball ungefähr 8 Papier- oder Plastikstreifen in einer Länge von ca. 40–50 cm zurecht.

Sie nehmen alle Bänder an einem Ende in die Hand und binden das Bündel an einem Ende mit einem dicken Knoten zusammen.

Den Knoten ihrer Flatterbänder drücken die Kinder durch das Kreuz in das Innere des Balles.

Und schon ist der Tennisflugball fertig und das lustige Hüpfen, Werfen und Zielen kann losgehen.

Bunte Fische

Alter
ab 2 Jahren

Material
farbiger Fotokarton (DIN A4), Teller, Bleistift, Fingerfarben, buntes Papier, Klebstoff

Sommer, Sonne, Wasser und viele bunte Fische …

Jedes Kind erhält ein Stück Fotokarton in der Größe eines DIN-A4-Blattes. Mithilfe eines Tellers zeichnen sie mit einem Bleistift einen großen Kreis mitten auf das Blatt. Hinten malen sie eine Flosse und vorne ein Maul an den Kreis. Nun schneiden sie die Fischform aus.

Kleine Kinder bedrucken ihren Fisch mit Fingerdruck. Dazu markiert ein Erwachsener vorher den Kopf und Schwanz mit zwei Linien, dazwischen drucken die Kinder viele bunte Punkte. Ebenfalls mit Fingerfarben drucken sie dem Fisch einen großen Punkt als Auge auf und vielleicht malen sie auch den Schwanz und das Maul bunt an.

Größere Kinder kleben ihren Fischen schöne, bunte Papierschuppen auf den Körper. Dazu reißen sie ungefähr daumenabdruckgroße Papierstücke zurecht, die wie Fischschuppen aussehen. Sie malen die beiden Linien, innerhalb derer sie die Fischschuppen aufkleben wollen, auf den Fisch und kleben Reihe für Reihe die Schuppen auf.
Sie beginnen an der Schwanzflosse und kleben die erste Reihe Schuppen mit den

gebogenen Formen der Papierstücke zur Flosse zeigend. Sie kleben die Schuppen nur jeweils mit ein paar Klebetropfen an, damit die Fischschuppen nicht ganz platt auf dem Fisch kleben, sondern an den gebogenen Kanten noch etwas hoch stehen. Die letzte Schuppenreihe schneiden die Kinder vielleicht an der Kante, die zum Kopf zeigt etwas gerade, bevor sie sie aufkleben. Mit Farbe malen sie noch ein dickes Auge auf ihren Fisch. Wenn sie mögen, können sie auch das Maul noch etwas anmalen.

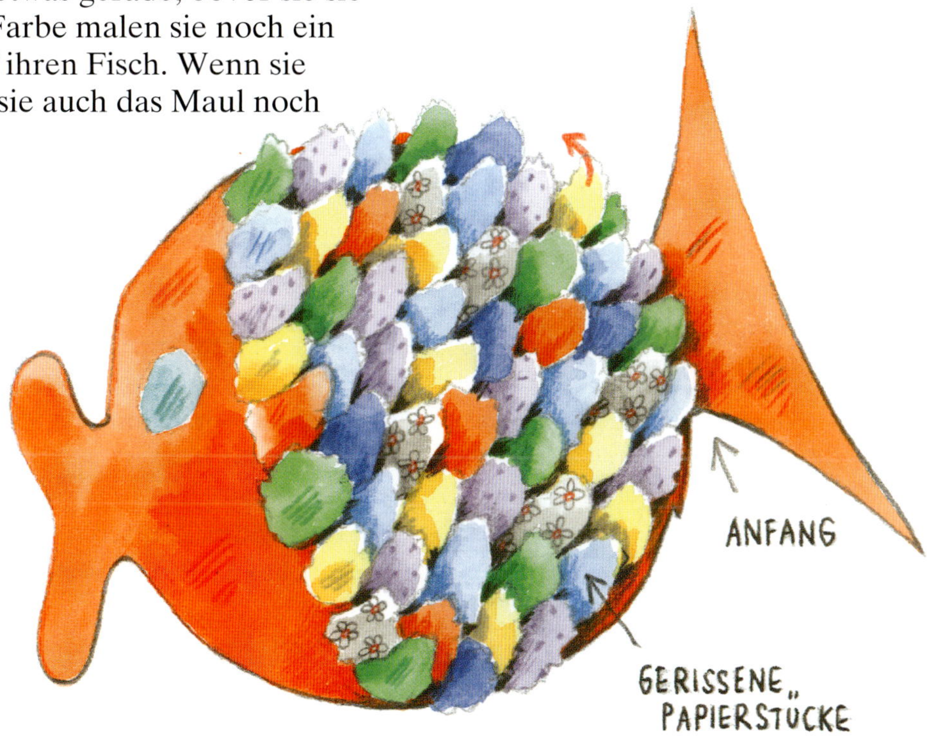

Segelbootregatta

Ruckzuck kann diese tolle Flotte von Segelbooten aus Weinkorken und Moosgummi in einer Wasserschüssel, in der Badewanne oder im Planschbecken zu Wasser gelassen werden!

Alter
ab 4 Jahren

Material
Weinkorken, Dorn, Zahnstocher, Kugelschreiber, Moosgummi, Schere, wasserfeste Filzstifte

Die Kinder suchen zwei ungefähr gleich lange Weinkorken aus und legen sie nebeneinander auf den Tisch. Mit dem Dorn oder einem anderen spitzen Gegenstand stechen sie in beide Korken auf gleicher Höhe je zwei Löcher. Sie zerbrechen einen Zahnstocher in der Mitte und stecken die beiden Zahnstocherteile mit den abgebrochenen Enden in die beiden Löcher des ersten Korkens. Auf die beiden Spitzen der Zahnstocher drücken sie den zweiten Korken – fertig ist der Rumpf des Bootes.

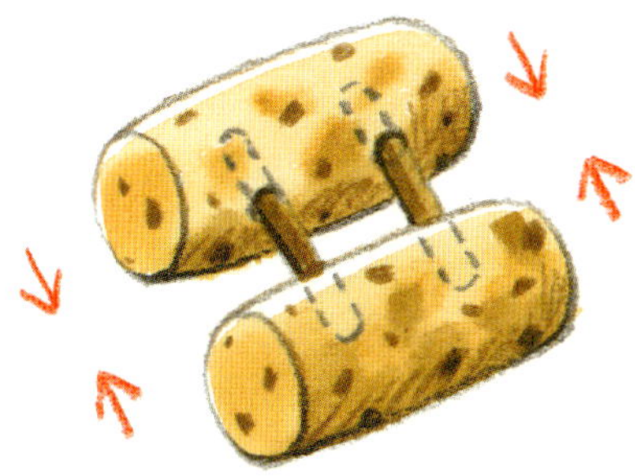

Als Segelmast stecken die Kinder einen ganzen Zahnstocher zwischen die beiden Korken. Auf das Moosgummi malen sie mit einem Kugelschreiber Dreiecke oder Trapeze als Segel und schneiden sie aus. Diese pieksen sie auf den Segelmast.

Wer will, kennzeichnet sein Boot und schreibt mit einem wasserfesten Filzstift eine Zahl oder den Namen darauf – und schon kann die Flotte zu Wasser gelassen werden.

Styroporboote

Alter
ab 4 Jahren

Material
Sägemesser,
1 Styroporplatte (ca. 2 cm dick),
1 Schaschlikstäbchen, Schere,
Moosgummi, Dorn, Zahnstocher,
wasserfeste Filzstifte,
Klopapierrolle, Watte,
Klebstoff, evtl. Quarkschälchen,
Figuren als Kapitän und Passagiere

Mit diesen Booten können die Kinder herrlich im Planschbecken oder in der Badewanne spielen.

Mit einem Sägemesser schneiden die Kinder eine Grundplatte aus Styropor für das Schiff zurecht. Dabei entscheiden sie, ob sie ein ganz kleines oder ein großes Boot machen möchten – das Gute ist, gleich wie groß die Platte ist, Styropor schwimmt immer!

Die Kinder können entweder ein Segelboot, einen Dampfer oder ein Motorboot basteln.

Für ein **Segelboot** pieksen sie ein Schaschlikstäbchen als Mast in das Styropor. Dann schneiden sie ein Segel aus Moosgummi zu. Mit einem Dorn oder einem anderen spitzen Gegenstand stechen sie zwei Löcher in das Segel, durch

die sie das Schaschlikstäbchen stecken können. So können sie auch ein kleines Fähnchen aus Moosgummi zuschneiden und es oben am Mast oder in der gleichen Weise an einem Zahnstocher befestigen und dieses hinten am Boot einstechen. Das Segel können die Kinder mit wasserfesten Filzstiften bemalen.

Die Kinder, die einen **Dampfer** basteln möchten, drücken eine Klopapierrolle als Schornstein in die Styroporplatte und kleben etwas Watte als Rauch in den Schornstein.

Für ein **Motorboot** setzen die Kinder z. B. ein leeres, auf den Kopf gestelltes Quarkschälchen als Führerhaus auf die Styroporplatte. In dieses Schälchen schneiden sie eine Tür und Fenster.

Gleich welches Boot die Kinder gebaut haben, auf alle Boote setzen sie natürlich eine Figur als Kapitän und vielleicht auch den einen oder anderen Passagier.

Kräutergarten

Alter
ab 3 Jahren

Material
leere Plastikschälchen, Acrylfarben, Pinsel, Wasserglas, Blumenerde, Kräuter aus dem Garten oder Kräutersamen

Ein Picknick mit frischem Brot und selbst zubereitetem Quark mit selbst gezogenen Kräutern – das ist genau das Richtige, wenn es heiß ist!

Für diese Kräutergartenschälchen eignen sich gut leere Schälchen von Margarine, Quark, Salaten oder sonstigen Brotaufstrichen.
Jedes Kind bemalt einen Behälter mit Acrylfarbe, so dass rundum keine Reklame mehr zu sehen ist. Die Farben lassen sie trocknen.

Wenn die Farben ganz getrocknet sind, füllen die Kinder Blumenerde in ihre Töpfchen.
Sie können entweder schon angewachsene Kräuter samt Wurzeln in ihr Schälchen pflanzen oder die Kräuter selber säen (klappt am Besten mit Kresse, da diese gut angeht und recht schnell wächst). Die Kinder stellen die Schälchen in die Sonne auf die Fensterbank, die Terrasse oder den Balkon und gießen sie natürlich bei Bedarf.

Für tolle Kinderfeste

Girlanden

Alter
ab 2 Jahren

Material
Raufasertapete, Bleistift, Lineal, Schere, Wachsmalblöcke oder Wachsmalstifte oder Wasserfarben, Pinsel und Wasserglas, Kleister, festes Band

Für ein Kinderfest oder eine Geburtstagsparty können sich große wie kleine Kinder schöne Girlanden leicht selber herstellen.

Dazu schneiden sie einen Streifen von ca. 35 cm einer Raufasertapete ab und falten den Streifen einmal der Länge nach.
Die Kinder malen mit einem Lineal und einem Bleistift nebeneinander mehrere Dreiecke so auf das doppelt liegende Stück Tapete, dass die Spitzen der Dreiecke immer zur offenen Kante der Tapete zeigen und schneiden diese Dreiecke aus. Auf diese Weise fertigen die Kinder gemeinsam viele Wimpel an.

Die Wimpel bemalen die Kinder von beiden Seiten nach eigenen Vorstellungen entweder mit Wachsmalblöcken, Wachsmalstiften oder Wasserfarben.

Für die Girlande befestigen die Kinder alle Dreiecke an einem langen festen Band. Dafür rühren sie etwas Kleisterpulver mit Wasser in einem Plastikbehälter an. Sobald die Wasserfarben getrocknet sind und der Kleister einige Zeit gezogen hat, klappen die Kinder die Wimpel auf, streichen jeweils eine Dreieckseite innen mit Kleister ein, legen das Band über die Faltlinie und klappen die andere Seite darauf. Sie drücken beide Fahnenseiten eine kurze Zeit zusammen. So kleben sie Wimpel an Wimpel an das Band, so dass eine lange, hübsche Girlande für das Fest entsteht.

Papiertüten

Dies ist eine tolle Bastelaktion für Kinder fast jeden Alters.

Alter
ab 2 Jahren

Material
Einkaufstüten aus Papier, Wachsmalstifte, Fingerfarben, Bastelfarben, Wasserfarben, Pinsel, Wasserglas, Zeitungspapier, Stempel aus Schwämmen, Schere, Teller

Auch schon kleine Kinder können Papiereinkaufstüten ohne Reklameaufdruck mit den verschiedensten Mal- und Drucktechniken schön verzieren. Sie können die Tüten ganz nach Belieben mit Wachsmalstiften, Finger-, Wasser- oder Bastelfarben bemalen und beschriften. Sie können sie auch mit ihren Händen bunt bedrucken.

Papiertüten lassen sich auch gut mit selbst gemachten Stempeln aus Küchenschwämmen bedrucken. Dazu schneiden die Kinder mithilfe eines Erwachsenen einen Schwamm erst in ein paar Rechtecke. Jeweils in eine Fläche der kleinen Schwämme schneiden sie Muster, z. B. Dreiecke, Kreise oder Sterne.

Die Kinder füllen nun etwas Finger- oder Bastelfarben auf einen Teller. Sie drücken die Stempelfläche ein paarmal in die Farbe und drucken mit den Stempeln Muster auf ihre Tüten. Das macht richtig Spaß.

Sobald eine Seite der Tüte bemalt oder bedruckt ist, lassen die Kinder die Farben trocknen und verzieren dann die zweite Seite der Tüte.

Tipp
Wenn die Kinder die Schwammstempel nach der Bastelaktion sofort gut auswaschen, können sie die Stempel immer wieder benutzen.

Memoklammern

Alter
ab 3 Jahren

Material
Holzwäscheklammern, Moosgummi, Kugelschreiber, Schere, wasserfeste Filzstifte, Klebstoff

Diese lustigen Memoklammern sind vielseitig verwendbar.

Die Kinder können ihre selbst gebastelten Klammern an ihr Glas oder ihren Teller klemmen, damit sie diese immer wieder erkennen, oder sie können ein kleines Namenskärtchen in die Klammer stecken und sie so als Tischkärtchen benutzen. Später können sie in ihrem Zimmer darin Zettel oder Fotos sammeln oder aufbewahren.

Jedes Kind malt eine Figur mit einem Kugelschreiber auf das Moosgummi und schneidet sie aus. Sie bemalen die Figur mit wasserfesten Filzstiften und kleben sie auf eine Holzklammer.

Krone

Alter
ab 3 Jahren

Material
Silber- und Goldkarton, Kugelschreiber, Schere, Tacker, Gummiband, dicke Nadel, Glitzeraufkleber oder Glassteine, doppelseitiges Klebeband, Schablone „Krone“ (S. 119)

Eine Krone ist vielseitig einsetzbar – ob für das Spiel als Prinz und Prinzessin oder als besondere Auszeichnung oder für das Geburtstagskind …

Die Kinder legen die Schablone „Krone“ auf silbernen oder goldenen Karton, malen mit einem Kugelschreiber den Umriss der Krone nach und schneiden die Form aus. Sie tackern die beiden kurzen Seiten zusammen und befestigen an den Seiten mit einer dicken Nadel ein Gummiband an der Krone.

Als Verzierung kleben sie entweder schöne, wie Diamanten glitzernde Aufkleber auf die Krone oder sie kleben flache Glassteine mit kleinen Stückchen von dem doppelseitigen Klebeband darauf.

Pappnasen

Aus Eierkartons lassen sich tolle Pappnasen basteln – ob kurze, lange oder spitze, ob rosa Schweins-, rote Clowns- oder bunte Fantasienasen …

Alter
ab 3 Jahren

Material
Eierkartons, Schere, Finger- oder Bastelfarben, Gummiband, dicke Nadel

Dazu schneiden die Kinder aus den Böden von 6er- oder 10er-Eierkartons einzelne Zapfen aus. Für spitze Nasen eignen sich die inneren, mittleren Zapfen und für flache Nasen die Zapfen vom Boden der Eierkartons.

Die Kinder halten sich die ausgeschnittenen Zapfen jetzt schon einmal auf die Nasen. Sie probieren aus, wie sie am besten aussehen und wo sie noch etwas abschneiden müssen, damit sie später auch gut unter den Pappnasen atmen können. Da ist der Spaß meist schon riesengroß.

Nun malen die Kinder die Pappnasen mit Finger- oder Bastelfarben an und lassen die Farben trocknen.

Mit einer dicken Nadel befestigen sie ein Stück Gummiband an den Pappnasen, so dass sie gut und bequem sitzen.

Indianerkopfschmuck

Mit diesem Kopfschmuck kann das Indianerspiel losgehen – ob beim Kindergeburtstag, Sommerfest oder einfach zwischendurch!

Alter
ab 3 Jahren

Material
Wellpappe, Lineal, Bleistift, Schere, Federn, Dorn, Gummiband

Die Kinder malen mithilfe eines Erwachsenen einen Streifen von ungefähr 5 x 40 cm auf die Rückseite der Wellpappe und schneiden den Streifen aus.

In die obere Kante des Streifens stecken sie schöne, bunte Federn.

Mit einem Dorn oder einem anderen spitzen Gegenstand stechen sie – wieder mithilfe eines Erwachsenen – an jeder Seite des Pappstreifens ein Loch. Hierdurch ziehen sie ein Stück Gummiband und knoten es so fest, dass der Indianerkopfschmuck auch bei wilderen Spielen gut auf dem Kopf sitzen bleibt. Dann kann das Indianerspiel losgehen.

Knisterflattertüte

Mit diesen Knistertüten kommt Schwung und Bewegung in jede Kindergruppe.

Alter
ab 3 Jahren

Material
Pappe, 1 dünne Plastiktüte mit Henkeln (Obsttüte), Acrylfarbe, Pinsel, Wasserglas, Krepppapier, Lineal, Schere, Tacker, festes Band, Holzstock, evtl. Schleifenband

Die Kinder schieben ein Stück feste Pappe in die dünne Plastiktüte, damit diese sich gut bemalen lässt. Sie malen mit Acrylfarbe bunte Muster auf eine Seite der Tüte und lassen die Farbe trocknen. Dann bemalen sie die zweite Seite. Während der Trocknungszeit schneiden sie aus Krepppapier mehrere bunte, ca. 3 cm breite Streifen zurecht. Ist die Farbe auf ihrer Tüte getrocknet, tackern sie ein paar Streifen in verschiedenen Farben an die beiden unteren Ecken.

Von dem festen Band schneiden die Kinder ein ca. 1 m langes Stück ab, ziehen es durch die beiden Griffe in der Tüte und knoten die beiden Fadenenden an einen kleinen Holzstock.
Bei kleinen Kindern verzichtet man besser auf den Holzstock. Sie schneiden ein ca. 70 cm langes Schleifenband ab, ziehen es durch die Tütengriffe und verknoten die beiden Schleifenbandenden nur miteinander.

Übrigens: Diese Variante ist auch für größere Kinder gut geeignet, wenn für das Spiel nicht sehr viel Bewegungsfreiraum zur Verfügung steht.

Die Kinder nehmen den Stock bzw. das Schleifenband in die Hand und laufen los. Die Tüte flattert immer hinter ihnen her und macht dabei lustige Knistergeräusche.

Tütenkasper

Dieser lustige Zipfelmützenkasper animiert alle Kinder mit ihnen zu spielen, sprechen und singen. Ziehen sie den Stab ganz nach unten, ist der Kasper im Nu verschwunden.

Alter
ab 6 Jahren

Material
Fotokarton, Bleistift, Schere, Klebstoff, Tacker, Stoff, Garn, Nadel,
1 Holzstöckchen (30–40 cm),
1 Styroporkugel, wasserfeste Filzstifte, Filz,
1 kleines Glöckchen, Schablonen „Tütenkasper 1 und 2“, S. 118

Die Kinder übertragen mithilfe der Schablone „Tütenkasper 1“ die Tütenform auf ein Stück Fotokarton. Die Form schneiden sie aus und drehen den Viertelkreis zu einer Tüte. Die beiden geraden Kanten kleben sie zusammen und tackern sie zusätzlich aufeinander.

Aus Stoff schneiden die Kinder ein rechteckiges Stück zu, das mit der langen Kante rund um die Tütenöffnung passt und das je nach Größe der Tüte ca. 8–10 cm hoch ist.
Das Rechteck legen sie mit der Stoffoberseite nach innen rund bündig um die Tüte und tackern den Stoff innen an die Tüte. Sie stülpen den Stoff nach oben und ziehen mit der Nadel einen Faden durch die obere Stoffkante.

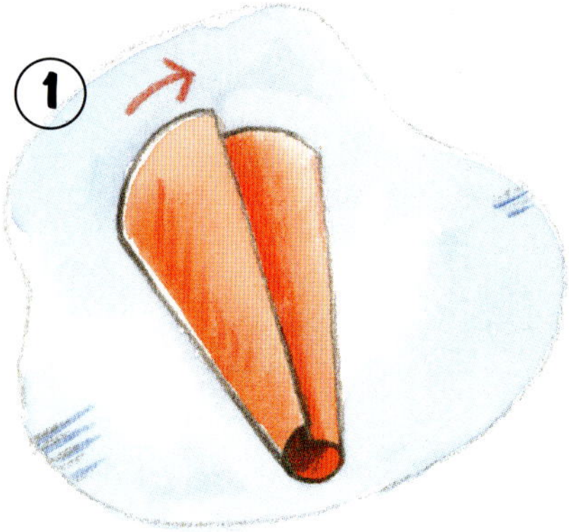

Das ca. 30–40 cm lange Holzstöckchen stecken die Kinder mit der einen Seite in die Styroporkugel. Mit der anderen Seite schieben sie es von oben durch die Tüte. Den Faden am oberen Stoffrand ziehen sie zusammen und knoten ihn fest um den Holzstab. Zusätzlich befestigen sie das „Stoffkleid" unter dem Styroporkopf mit Klebstoff an dem Holzstock. Mit wasserfesten Filzstiften malen sie ein Gesicht auf die Kugel.

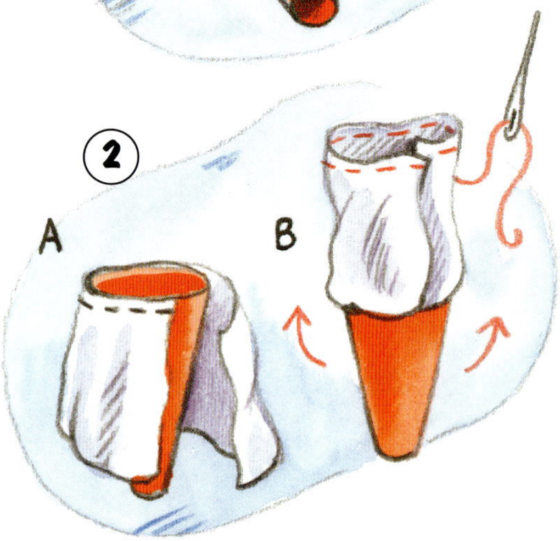

Zum Schluss schneiden die Kinder mithilfe der Schablone „Tütenkasper 2" ein Stück Filz als Kaspermütze zu. Mit der gebogenen Kante kleben sie das Filzstück rund um das Gesicht des Kaspers. Die beiden langen Kanten der Zipfelmütze kleben sie hinten zusammen und nähen an die Mützenspitze ein kleines Glöckchen.

Tipp: Natürlich können die Kinder ihre Tütenfiguren auch anders ausgestalten, z. B. wie unter *Bleistiftfiguren* (S. 33) beschrieben.

Kreisel aus Flaschendeckeln

Alter
ab 3 Jahren

Material
Plastikflaschendrehverschlüsse in verschiedenen Größen, Dorn, Kneifzange, Schaschlikstäbchen oder Holzzahnstocher, Acrylfarben, kleine Pinsel, Wasserglas

Ein Spielzeug für jedes Alter – je nach Größe und Farbgestaltung entstehen die tollsten Drehmomente!

Die Kinder stechen mithilfe eines Erwachsenen mit einem Dorn ein kleines Loch genau in die Mitte der Plastikdeckel.

- Für die etwas größeren Deckelkreisel kneifen sie mit der Kneifzange vom spitzen Ende eines Schaschlikstäbchens ein ca. 8 cm langes Stück ab.
- Für die kleineren Kreisel können die Kinder auch einen Holzzahnstocher nehmen und davon nur eine Spitze abkneifen.

Die Stäbchen stechen sie mit der Spitze von oben durch die durchbohrten Flaschendeckel. Nun versuchen sie schon einmal, wie lang die Spitze unten herausstehen muss, damit sich der Kreisel gut dreht.

Zum Schluss malen die Kinder mit Acrylfarbe kleine Muster auf ihre Kreisel. Jetzt muss die Farbe nur noch trocknen und schon kann das lustige Kreiseln losgehen …

Blechdosen-Xylofon

Alter
ab 3 Jahren

Material
verschiedene, leere Blechdosen, evtl. Klebeband, Regenbogenpapier oder buntes Papier oder einfarbiges Papier und Wachsmalstifte, Bleistift, Lineal, Schere, Klebstoff, 6 Schaschlikstäbe, 2 Sektkorken, 2 Korken mit Holzkopf, 2 Holzperlen, Streichhölzer

Jede Dose klingt anders – die Kinder erleben die große Klangvielfalt und stellen sich aus vielen unterschiedlich großen Dosen ihr eigenes Xylophon zusammen.

Für das **Blechdosen-Xylofon** brauchen die Kinder verschiedengroße Blechdosen. Je mehr Dosen sie haben, umso mehr Töne stehen ihnen natürlich auch später zur Verfügung. Auch ganz kleine Dosen, z. B. von Tomatenmark, sind wichtiger Bestandteil des Xylophons. Sollten die Kanten der Dosen scharf sein, werden sie zur Sicherheit rundum mit Klebeband umklebt.

Die Kinder suchen Regenbogenpapier oder anderes buntes Papier für ihre Dosen aus. Sie malen mithilfe von Bleistift und Lineal für die Dosen passende Papierstreifen darauf und schneiden die Streifen aus. Alternativ dazu können sie für ihre Dosen auch weißes oder einfarbiges Papier zurechtschneiden und diese Streifen mit Wachsmalstiften bunt anmalen. Die fertigen Papierstreifen kleben die Kinder rund um die Dosen.

Es gibt verschiedene Möglichkeiten **Schlagstöcke** für das Xylofon herzustellen.

- Die Kinder stecken 2 Schaschlikstäbchen in 2 Sektkorken
- oder sie stechen die Stäbchen in 2 Korken mit einem Holzkopf.
- Um noch einen anderen Klang zu erzielen, pieksen die Kinder die Stäbchen in Holzperlen. Sind die Löcher der Perlen zu groß, stopfen sie zusätzlich zu dem Schaschlikstäbchen ein Streichholzstückchen mit in die Löcher der Perlen.

Nun bauen die Kinder alle Dosen vor sich auf und probieren ihre Klänge aus. Sie werden feststellen, wie unterschiedlich sich die verschiedenen Schlagstöcke anhören. Interessant ist es auch, auszuprobieren, wie sich die Dosen auf unterschiedlichen Untergründen (Teppich, Holz, Glas, Porzellan etc.) anhören.
Mit ganz viel verschiedenen Dosen schaffen es ältere Kinder vielleicht auch ein einfaches Lied zu spielen …

Herbst – wenn draußen die Blätter fallen

Transparentpapierdrachen

Alter
ab 3 Jahren

Material
buntes Transparentpapier, Schere, Klebstoff, Band, Tacker, Tesafilm

Kleben die Kinder diese tollen Drachen mit kleinen Tesafilmstreifen ans Fenster, so kommen die leuchtenden Farben besonders zur Geltung.

Für einen Drachen falten die Kinder ein DIN-A4-Blatt großes Stück Transparentpapier einmal mit den beiden langen Kanten aufeinander und klappen es wieder auseinander. Nun falten sie die zwei Ecken von einer kurzen Papierseite jeweils mit den Spitzen bis zur Mittellinie.
Damit die typische Drachenform entsteht, ziehen sie die beiden anderen Ecken nacheinander jeweils so weit nach innen, dass eine Faltkante zwischen dem Mittelpunkt der unteren kurzen Papierkante und der rechten und linken Spitze an der Seite des Drachens entsteht. So falten sie das Papier zu einem Drachen. Mit ein paar Klebetupfern kleben sie die vier Ecken am Drachen etwas fest.

Aus andersfarbigem Transparentpapier schneiden sie Augen, Mund und Nase aus und kleben sie auf den Drachen.

Für den Drachenschwanz schneiden sie ein paar bunte Transparentpapierstreifen zurecht, die sie in kleinen Abständen an ein Stück Band knoten. Den fertigen Drachenschwanz tackern sie unten an den Drachen. Zum Schluss tackern sie noch oben und an den Seiten in der Mitte zusammengeraffte Papierstreifen an ihre Drachen.

Kleiner Drachen

Die Kinder halten ihren Drachen am Schleifenband und laufen durch die Gegend … Der Drachen fliegt lustig flatternd hinterher.

Alter
ab 3 Jahren

Material
Moosgummi, Schere, Kugelschreiber, Klebstoff, Krepppapier, Tacker, Schleifenband, Schablone „Kleiner Drachen“ (S. 118)

Die Grundform des Drachens übertragen die Kinder mithilfe der Schablone „Kleiner Drachen“ auf ein Stück Moosgummi. Sie schneiden die Form aus.
Mit einem Kugelschreiber malen sie auf andersfarbige Moosgummistücke zwei Augen und einen Mund und schneiden auch diese Formen aus.
Mit ein paar Tropfen Klebstoff befestigen sie Augen und Mund auf ihren Drachen.

Die Kinder schneiden einige schmale, bunte Streifen aus Krepppapier zu. Sie tackern ein Bündel mit etwas längeren Streifen als Schwanz und zwei kürzere Bündel als Ohren an den Drachen.

Mithilfe eines Erwachsenen stechen die Kinder mit der Schere ungefähr 3 cm unterhalb der Spitze ein Loch in den Drachen. Sie schneiden ein 60 cm langes Stück Schleifenband ab und verknoten die beiden Enden miteinander. Sie stecken die Mitte des Schleifenbandes von hinten durch den Drachen, führen den Knoten durch die vorne herausschauende Schlaufe des Bandes und ziehen das Band fest. So kann das Loch beim Spiel mit dem Drachen nicht so leicht ausreißen.

Windmühle

Alter
ab 5 Jahren

Material
Klopapierrolle, Schere, Regenbogenpapier, Klebstoff, Dorn, Schaschlikstäbchen, Lineal, Bleistift, farbiges Papier, Perlen, kleiner Teller

Ein kleines Meisterwerk für richtig geübte Bastler.

Die Kinder schneiden ein Stück Regenbogenpapier so zurecht, dass sie eine Klopapierrolle einwickeln können. Dieses Stück Papier kleben sie rund um die Rolle. Mithilfe eines Erwachsenen stechen sie mit einem Dorn in den oberen Rand der Papprolle zwei sich gegenüberliegende Löcher, in denen sich ein Schaschlikstäbchen ganz leicht drehen lässt.

Aus farbigem Papier schneiden die Kinder ein 8 x 8 cm großes Quadrat aus. Sie falten es einmal diagonal, klappen es auseinander und falten auch die andere Diagonale. Sie schneiden auf den diagonalen Linien ungefähr 2/3 der Strecke bis zum Mittelpunkt ein. Nun stechen sie mit einem Dorn ein Loch in die Mitte des Papiers und in jede zweite Spitze (s. Abb.).

Die Kinder suchen 3 kleine Perlen aus, deren Löcher so groß sind, dass gerade ein Schaschlikstäbchen hindurch passt. Sie stecken eine Perle auf das Stäbchen. Das Stäbchen stecken sie dann mit der Spitze erst durch das mittlere Loch des Windflügels und anschließend der Reihe nach durch die 4 Löcher in den Spitzen. Zum Abschluss stecken sie wieder eine Perle auf die Spitze des Schaschlikstäbchens. Die aus der Perle herausguckende Spitze schneiden sie mit der Schere ab. Nun stecken sie das Stäbchen mit dem Windrad durch die Papprröhre und stecken hinten zur Befestigung die dritte Perle drauf. Wenn die Kinder nun hinten an dem herausstehenden Holzstäbchen drehen, bewegt sich vorne das Windrad ihrer Mühle.

Mit einem kleinen Teller (ca. 10 cm Durchmesser) malen die Kinder mit einem Bleistift einen Kreis auf buntes Papier, schneiden den Kreis aus und halbieren ihn. Sie formen den Halbkreis zu einem Hütchen, kleben die Kanten zusammen und kleben es dann als Dach auf die Windmühle.

Bunte Regenschirme

Mit vielen bunten Regenschirmen können die Kinder gemeinsam ein Fenster toll schmücken.

Alter
ab 3 Jahren

Material
Fotokarton (DIN A4) in mehreren Farben, Bleistift, Schere, Klebstoff, Filzstifte, Wachsmalstifte, evtl. Aufkleber, Dekosterne, Moosgummifiguren

Jedes Kind malt mit einem Bleistift einen großen, geöffneten Schirm auf einen Fotokarton und schneidet die Form aus. Auf ein anderes Stück Fotokarton malen sie den Schirmgriff, schneiden ihn aus und kleben ihn an den Schirm.

Ihre Schirme bemalen die Kinder ganz nach ihren Vorstellungen mit Farben und bunten Mustern oder bekleben sie mit Aufklebern, Dekosternen oder ausgestanzten Moosgummifiguren.

Mit kleinen Tesafilmstückchen kleben sie dann ihre Schirme auf die Fensterscheibe. Das sieht schon so sehr dekorativ aus. Die Kinder können aber auch noch weiße, dicke Wolken und viele blaue Regentropfen aus Fotokarton ausschneiden und auf das Fenster kleben.

Regenbogenmobile

Alter
ab 4 Jahren

Material
Fotokarton in 5–7 Farben (Rot, Orange, Gelb, Grün, Blau, Indigo, Violett), Bleistift, Schere, Nähgarn, Nadel, Schablone „Regenbogenmobile“, S.119

Es ist faszinierend dieses bunte Regenbogenmobile anzuschauen, wenn sich die Bögen langsam drehen.

Die Kinder suchen 5 oder besser noch 7 Fotokartonfarbtöne in den Tönen eines Regenbogens aus. Mithilfe der Schablone „Regenbogenmobile“ malen sie mit einem Bleistift auf jeden Karton jeweils einen Bogen. Dann schneiden sie die Bögen aus.

Mit der Unterstützung eines Erwachsenen verbinden sie die Bögen von unten beginnend nacheinander mit kleinen Nähgarnstückchen. Sie ziehen mit einer Nadel einen Nähgarnfaden durch den oberen Rand des untersten Bogens und knoten den Faden dort fest. Sie ziehen den Faden weiter durch den unteren Rand des zweiten Bogens und knoten ihn dort mit so viel Abstand fest, dass sich der untere Bogen frei bewegen kann. So verbinden sie nach und nach alle Bögen miteinander und achten darauf, dass sich alle Bögen frei bewegen können. Zum Schluss knoten sie einen längeren Nähgarnfaden zum Aufhängen an den oberen Bogen.

Sonnenblume

Mit Farben und Materialien, die in jedem Haushalt zu finden sind, basteln die Kinder diese schönen Sonnenblumen.

Jedes Kind benötigt für eine Sonneblume 2 Pappteller. Diese bemalen sie auf den Unterseiten ganz mit gelber Fingerfarbe und legen sie zum Trocknen beiseite.

Für den Blumenstiel schneiden sie eine Haushaltspapierrolle der Länge nach in zwei Teile. Bei einer dieser Hälften falten sie die beiden Schnittkanten nach hinten. Das ist der Blumenstiel, den sie mit grüner Fingerfarbe bemalen.

Aus brauner Wellpappe schneiden die Kinder viele ungefähr 5 x 3 cm große Rechtecke zu und runden jeweils an einer Schmalseite die beiden Ecken ab, so dass sie wie Blütenblätter aussehen.

Sobald die Fingerfarbe getrocknet ist, legen die Kinder die zwei Pappteller mit den Innenflächen aufeinander, legen den Blumenstiel mit einem Ende dazwischen und tackern die beiden Teller und den Stiel zusammen.
Die Blütenblätter legen sie nacheinander rundum jeweils mit der geraden Seite zwischen die beiden Teller und tackern sie zusammen.

Alter
ab 3 Jahren

Material
gelbe und grüne Fingerfarbe,
2 Pappteller, Schere,
Papprolle von Küchenpapier,
braune Wellpappe, Tacker

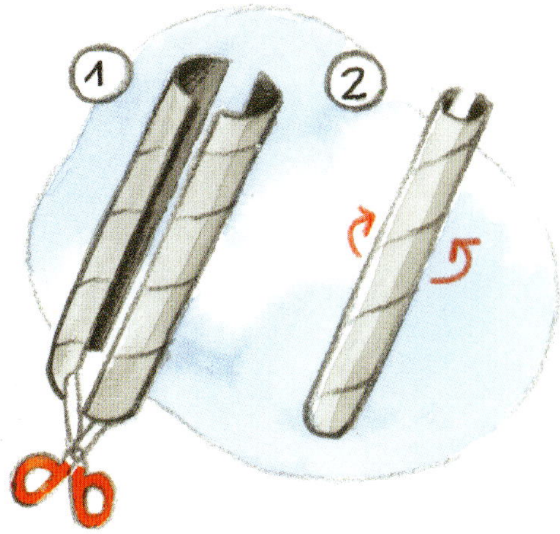

Apfelbaum

Alter
ab 2 Jahren

Material
großes Papier, Bleistift, Schwämme, Sägemesser, Schere, Pappteller, grüne und rote Fingerfarben

Drucken mit Schwämmen, das macht Kindern richtig Spaß!

Mit einem Bleistift malen die Kinder die Konturen von einem ganz großen Baum auf das Blatt Papier.

Für die Druckstempel schneiden sie einen Haushaltsschwamm mit einem Sägemesser in 6 Teile. Von der Fläche eines Schwammwürfels schneiden sie die Kanten so ab, dass innen ein Kreis als Druckfläche stehen bleibt. Am besten fertigen die Kinder gleich mehrere Stempel an.

Die Kinder füllen auf einen Pappteller grüne Fingerfarbe und stempeln nun mit ihren Schwammstempeln viele grüne Kreise auf die Baumkrone. Gut sieht es aus, wenn die Kinder alle gemalten Umrisse des Baumes überstempeln. Wenn die Baumkrone fertig ist, füllen sie rote Fingerfarbe neben die grüne Farbe auf den Teller und stempeln mit einem anderen Stempel rote Kugeln als Äpfel auf den Baum. Ein paar rote Äpfel drucken sie neben und unter den Baum.

Nun mischen sie die übrige grüne und rote Fingerfarbe mit einem Finger durcheinander und stellen erstaunt fest, dass daraus braune Fingerfarbe entsteht, mit der sie dann den Baumstamm bedrucken können.

Apfel mit Raupe

Wenngleich die Raupe eigentlich nichts im Apfel zu suchen haben sollte, so sieht sie hier in diesem Apfel richtig schön aus.

Alter
ab 4 Jahren

Material
Wellpappe, Schere, Klebstoff Pfeifenputzerdraht, Lineal, 1 dickere und 2 kleinere Perlen, wasserfester Filzstift, Schablone „Apfel mit Raupe“ (S. 119)

Mithilfe der Schablone „Apfel mit Raupe“ übertragen die Kinder die Form des Apfels auf ein Stück rote Wellpappe und schneiden sie aus. Aus brauner bzw. grüner Wellpappe schneiden sie einen Apfelstiel und ein Blatt aus und kleben diese an den Apfel.

Mit einem spitzen Gegenstand stechen sie zwei dicke Löcher in den Apfel.
Die Kinder schneiden ein ca. 22 cm langes Stück des Pfeifenputzerdrahtes ab, knicken diesen einmal in der Mitte und verdrehen die beiden Enden ein paar Mal umeinander. Die beiden Enden lassen sie als Hörner stehen. Für den Raupenkopf schieben sie eine dickere Kugel über die beiden verdrehten Drähte bis zu den beiden Hornenden und stecken auf diese jeweils eine kleine Perle.

Mit einem wasserfesten Stift malen sie ein Gesicht auf die Kugel und stecken ihre kleine Raupe durch die beiden Löcher im Apfel.

Vogelscheuche

Alter
ab 5 Jahren

Material
Stoffreste, Schere, Schaschlikstäbchen, Wattekugeln (3 cm dick), Bast, festes Garn, Stecknadeln, Filz, Klebstoff, Filzstifte

Auch wenn diese Vogelscheuche keine Vögel verjagen wird, so sieht sie doch sehr dekorativ im Blumentopf aus.

Die Kinder schneiden ein quadratisches Stück Stoff für ein Vogelscheuchengewand zurecht und pieksen ein Schaschlikstäbchen durch die Mitte des Stoffes. Dann pieksen sie eine Wattekugel als Kopf auf das Stäbchen.

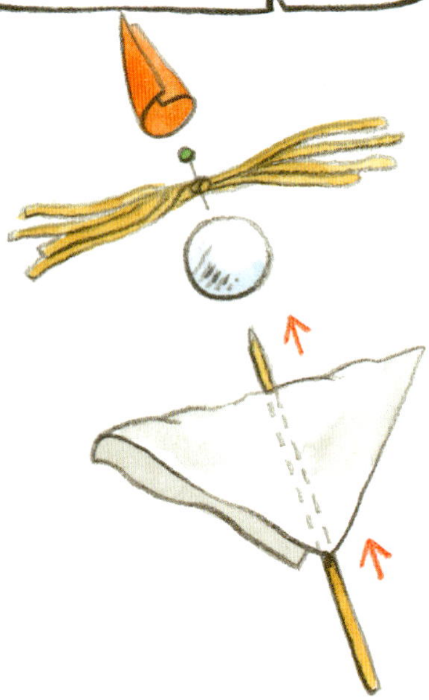

Sie schneiden ein Haarbüschel aus Bast zurecht und binden es in der Mitte mit einem Stück festem Garn zusammen. Dieses Haarbüschel stecken sie mit einer Stecknadel oben in den Kopf. Sie basteln einen Hut für ihre Vogelscheuche, indem sie einen Viertelkreis aus Filz zuschneiden und diesen zu einer Zipfelmütze formen und mit Klebstoff zusammenkleben. Diesen Hut stecken sie ebenfalls mit Stecknadeln in den Kopf.

Mit Filzstiften malen die Kinder die Gesichter an. Lustig sieht es auch aus, wenn sie eine kurze Stecknadel mit buntem Kopf oder einen Pinnwandpin als Nase in das Gesicht stecken. Aber Achtung, diese dürfen natürlich nicht zu lang sein.

Knubbel-Igel

Alter
ab 2 Jahren

Material
Pappe (DIN A4), Bleistift
Schere, braunes und weißes
Krepppapier, Klebstoff

Ein lustiger Zeitgenosse, der Papierknubbel-Igel, oder?

Während für kleinere Kinder ein Erwachsener mit einem Bleistift einen dicken Igel auf den Pappkarton zeichnet, malen größere Kinder die Form natürlich selber auf den Karton. Dann schneiden die Kinder die Igelform aus.

Nun reißen oder schneiden die Kinder viele Stücke von dem braunen Krepppapier ab und knubbeln alle Stücke einzeln zu Knubbeln. Alle fertigen Krepppapierkugeln legen sie auf ihren ausgeschnittenen Igel.

Sobald genügend Knubbel vorhanden sind, können die Kinder endlich beginnen die Papierkugeln aufzukleben. Sie streichen den ganzen Igel dick mit Klebstoff ein und legen dann alle Knubbel darauf. Wenn der ganze Igel beklebt ist, fertigen sie noch eine weiße Krepppapierkugel an und kleben sie als Auge an der entsprechenden Stelle auf ihren Igel. Damit die Papierknubbel gut kleben bleiben, stellen die Kinder eine Weile eine schwere Kiste auf ihren Igel.

Hexenhäuschen

Alter
ab 3 Jahren

Material
Puderzucker, etwas Zitronensaft, Löffel, kleine Schüssel, 1 Butterkeks, 1 Dominostein, 2 dünne Schokoladenwaffeln oder 2 Schoko-Pfefferminzplättchen, 2 Gummibärchen, Sieb, evtl. Cellophantüte und Geschenkband

Knusper, knusper, knäuschen,
wer knuspert an meinem Häuschen?

Die Kinder füllen für ein Hexenhäuschen drei Esslöffel Puderzucker in eine kleine Schüssel und tröpfeln ein paar Tropfen Zitronensaft hinein. Mit einem Löffel rühren sie die Masse zu einem zähen, glatten Brei. Bei Bedarf geben sie noch etwas Puderzucker oder Zitronensaft hinzu. Die Masse muss ganz fest und zäh sein, damit sie sofort alles zusammenklebt.

Mit dieser Masse kleben die Kinder zuerst einen Dominostein auf einen Butterkeks und zwei Schokoplättchen als Dach auf den Dominostein.
Zwei Gummibärchen kleben sie mit der Zuckermasse als Hänsel und Gretel vor das Häuschen.
Wenn das Hexenhäuschen verschneit sein soll, lassen die Kinder zum Schluss Puderzucker durch ein Sieb auf das Haus schneien.

Zum Verschenken setzen die Kinder ihr Häuschen in eine Cellophantüte und binden sie mit einem Geschenkband zu.

Für die langen Wintertage

Vogelhäuschen

Alter
ab 4 Jahren

Material
Klopapierrolle, Schere, Pappteller, Klebstoff, 3 viereckige Bierdeckel, Tesafilm, weiße Bastel- oder Wandfarbe, Pinsel, bunter Fotokarton, Federn, Krepppapier, Körner

Diese Vogelhäuschen bringen winterliche Atmosphäre ins Haus.

Die Kinder schneiden eine Papprolle an beiden Seiten mehrfach ca. 1 cm tief ein und knicken die so entstandenen Laschen nach außen. Die umgeknickten Ecken einer Seite der Papprolle kleben sie auf die Unterseite eines Papptellers.
Die drei Bierdeckel kleben die Kinder innen mit Tesafilm so zusammen, dass ein dreieckiges Häuschen entsteht. Das Häuschen kleben sie mit Klebstoff auf die Papprolle.
Nun malen sie alles – das Häuschen, Papprolle und evtl. den Pappteller – ganz mit weißer Bastel- oder Wandfarbe an.

In der Zeit, in der die Farbe trocknet, basteln die Kinder kleine Vögel für ihre Vogelhäuschen. Hierzu schneiden sie unterschiedlich farbige Fotokartonstreifen zurecht, die sie für die Bäuche und Köpfe der Vögel zu unterschiedlich großen Ringen – am einfachsten mit Tesafilm – zusammenkleben. Je einen kleineren und einen größeren Ring kleben sie dann mit Tesafilm zu einem Vogel zusammen. Diesen verzieren sie, indem sie kleine Schwänze, Flügel und Schnäbel ausschneiden und diese an die Vögel kleben. Auch mit bunten Federn lassen sich die Vögel schön gestalten.

Variante: Die Kinder basteln kleine Vögel, indem sie einfach unterschiedlich große Krepppapierkugeln zusammenkleben und verzieren.

Sobald die weiße Farbe des Häuschens getrocknet ist, kleben die Kinder die Vögelchen in, auf und unter das Häuschen. Besonders echt sieht es aus, wenn sie noch ein paar Körner als Vogelfutter in und unter das Häuschen kleben.

VÖGEL AUS FOTOKARTONSTREIFEN

VÖGEL AUS KREPPPAPIER

Fächerschneemann und -tannenbaum

Wunderschön – egal von welcher Seite!

Die Kinder übertragen mithilfe der Schablonen „Fächerschneemann oder Fächertannenbaum“ die jeweilige Form mit einem Bleistift auf weißes oder grünes Faltpapier oder Fotokarton. Jede Form wird für eine Figur dreimal benötigt, so dass die Kinder auch versuchen können, ob sie gleich drei Blätter auf einmal ausschneiden können.

Diese 3 Formen legen sie aufeinander und falten sie einmal der Länge nach zusammen. Entlang dieser Linie tackern die Kinder die 3 Blätter zusammen.

Nun fächern sie die Blätter auseinander, so dass dreidimensionale Figuren entstehen.

- In alle Fächer des Schneemannes malen sie mit Filzstiften Augen, Nase, Knöpfe und einen Schal.
- Auf die Kanten der Tannenbäume streichen sie Klebstoff und kleben darauf als Schnee kleine Wattestückchen oder streuen Glitzersilberpulver darüber.

Mit einer Nadel befestigen die Kinder ein Band an jeder Figur, damit sie diese daran im Raum oder im Fenster aufhängen können.

Alter
ab 3 Jahren

Material
Faltpapier/Fotokarton (je nach Motiv weiß oder grün), Bleistift, Schere, Tacker, Filzstifte, Watte, Glitzersilberpulver, Klebstoff, Nadel und Faden, Schablone „Fächerschneemann oder Fächertannenbaum“ (S. 120)

1

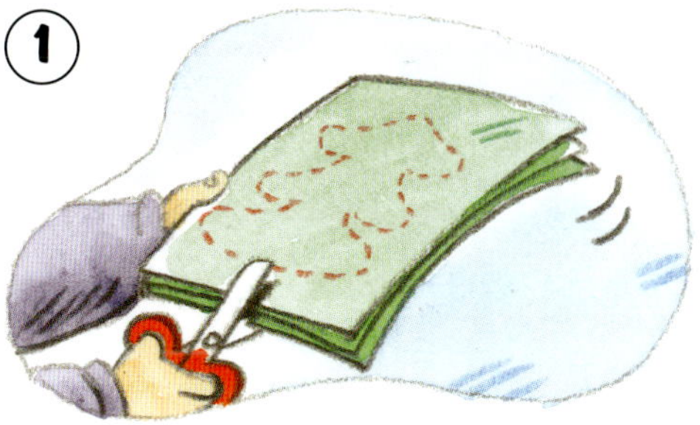

2

Schneemann mit Korkendruck

Alter
ab 3 Jahren

Material
Schaumstoff (ca. 1 cm dick), pro Farbe mind. 1 Schraubglasdeckel, Schere, weiße und bunte Finger- oder Bastelfarbe, Weinkorken, blauer Fotokarton, Bleistift, Schablone „Schneemann mit Korkendruck“ (S. 121)

Welches Kind freut sich nicht auf den ersten Schnee – mit dieser Aktion bringen die Kinder ihre Vorfreude zum Ausdruck!

Für jedes Stempelkissen schneiden die Kinder aus Schaumstoff einen Kreis aus, der genau in einen Schraubglasdeckel passt. Für jede Farbe sollte mindestens ein Stempelkissen angefertigt werden.

In jeden Deckel füllen die Kinder einen dicken Klecks einer Finger- oder Bastelfarbe. Am wichtigsten sind dabei natürlich mehrere weiße Stempelkissen für die Schneemann-Körper.
Auf jeden Farbklecks legen die Kinder einen Schaumstoffkreis und drücken mit einem Weinkorken so lange auf die Schaumstoffkreise, bis sich die Farbe oben durch das Schaumstoffkissen drückt.

Mithilfe der Schablone „Schneemann mit Korkendruck“ malen die Kinder mit einem Bleistift die Umrisse des Schneemanns auf den Karton. Zuerst bedrucken sie den Bauch und den Kopf mit ganz vielen weißen Punkten. Dabei versuchen sie alle Bleistiftstriche des Schneemanns mit Korkenabdrucken zu überdecken, damit diese zum Schluss nicht mehr zu sehen sind.

Mit den anderen Farben stempeln die Kinder anschließend den Hut, das Gesicht und eventuell einen Schal oder einen Stock auf ihr Bild. Die orange Nase malen sie mit den Fingern in das Gesicht des Schneemannes. Zum Schluss können die Kinder mit den Fingerspitzen noch kleine, weiße Schneeflocken rund um den Schneemann drucken.

1

2

Tipp
Werden die Korken und Stempelkissen anschließend sofort gut mit Wasser ausgewaschen, können sie später immer wieder für alle möglichen Drucktechniken benutzt werden.

Schneewolke

Weiß und watteweich schneit es von der Zimmerdecke!

Mithilfe der Schablone „Schneewolke“ übertragen die Kinder die Wolke mit einem Bleistift auf den hellblauen oder weißen Fotokarton und schneiden die Form der Wolke aus.

Aus Watte zupfen sie viele kleine Wattestückchen als Schneeflocken zurecht. Mit Nadel und Faden ziehen sie nach und nach ein paar Watteflocken auf den Faden.
Tipp: Am besten nähen sie gleich zweimal durch jede Watteflocke, dann verrutschen die Flocken später nicht so leicht am Faden.

Wenn die Kinder einige Flocken an einem Faden befestigt haben, stechen sie mit der Nadel durch den unteren Rand der Wolke und knoten das Garnende dort fest. So befestigen sie mehrere Fäden mit Schneeflocken in unterschiedlichen Längen an der Wolke.

Am oberen Rand ungefähr in der Mitte der Wolke befestigen sie einen weiteren Nähgarnfaden, an dem sie ihre Wolke im Raum oder im Fenster aufhängen können.

Alter
ab 3 Jahren

Material
hellblauer oder weißer Fotokarton, Bleistift, Schere, Watte, Nadel und Nähgarn, Schablone „Schneewolke“ (S. 120)

Schneelandschaft

Alter
ab 3 Jahren

Material
weißer Fotokarton, Bleistift, Teller und Gläser, Schere, Klebstoff, bunter Fotokarton, Tesafilm, evtl. Filzstifte/Wachsmalstifte, evtl. Watte

Wetten, dass mit dieser weißen Schneelandschaft am Fenster der weiße Winter herbeigelockt wird!

Ein Fenster mit mehreren kleinen und großen Schneemännern sieht in der Winterzeit besonders dekorativ aus. Für einen Schneemann malen die Kinder mit einem Bleistift und unterschiedlich großen Tellern oder Gläsern jeweils zwei oder drei unterschiedlich große Kreise auf weißen Karton. Diese schneiden sie aus und kleben sie zu einem Schneemann übereinander.
Auf farbigen Karton malen sie einen Hut, einen umgedrehten Kochtopf oder eine Mütze für den Schneemann, schneiden auch diese Form aus und kleben sie auf den Kopf des Schneemanns.

Aus buntem Karton schneiden sie Augen, Nase, Mund, Knöpfe und einen Schal aus und kleben die Teile auf. Sie können diese natürlich auch einfach mit Filzstiften oder Wachsmalstiften aufmalen.

Die fertigen Schneemänner kleben die Kinder mit kleinen Tesafilmstückchen ans Fenster. Aus der Watte zupfen sie kleine Wattestückchen als Schneeflöckchen, kleben sie mit Tesafilm rund um die Schneemänner … und fertig ist die Schneelandschaft!

Tannenbäume aus Eierkartons

Schön sieht es aus, wenn die Kinder mit mehreren dieser Tannenbäumchen einen kleinen Zauberwald zusammenstellen.

Alter
ab 3 Jahren

Material
10er-Eierkarton mit langen Mittelspitzen, Schere, Klebstoff, grüne Bastelfarbe, Pinsel, Glitzersilberpulver, kleiner Stern

Die Kinder schneiden für ein Tannenbäumchen aus einem 10er-Eierkarton in der Mitte die vier inneren, langen Zapfen so aus, dass sie so lang wie möglich bleiben.
In drei dieser Zapfen schneiden sie vier Zacken – an jeder Seite eine.
Für die Tannenbaumspitze kürzen sie den vierten Zapfen zunächst unten etwas und schneiden erst dann rundherum die vier Zacken.

Nun kleben die Kinder zuerst die drei langen Zapfen und zum Schluss den kurzen Zapfen als Spitze der Reihe nach versetzt übereinander , so dass ein richtig schöner Tannenbaum entsteht. Die Tannenspitzen biegen sie etwas nach außen.

Sobald der Kleber getrocknet ist, malen die Kinder den Baum ganz mit grüner Bastelfarbe an. Sie lassen die Farbe gut trocken und biegen dann die Tannenbaumspitzen noch einmal schön nach außen.

Die Ränder der Tannenzacken streichen die Kinder mit etwas Klebstoff ein und streuen Silberpulver als Schnee über den Baum. Das Silberpulver, das nicht an dem Klebstoff hängen bleibt, schütteln sie vorsichtig wieder ab. Mit einem kleinen Stern auf der Spitze aus Metall, Papier oder zwei gegeneinander geklebten Sternaufklebern können die Kinder ihren verschneiten Tannenbaum noch verschönern.

Lesezeichen für gemütliche Wintertage

Alter
ab 3 Jahren

Material
Wellpappe oder Moosgummi (evtl. fertige Moosgummifiguren), Bleistift, Kugelschreiber, Papier, Schere, wasserfeste Filzstifte, schmales Seidenschleifenband, Perlen, Klebstoff

Für gemütliche (Vorlese-)Stunden auf dem Sofa basteln die Kinder sich ihre Lesezeichen selber.

Diese Lesezeichen mit zwei kleinen Motiven an den Enden eines schönen Bandes können die Kinder aus bunter Wellpappe oder aus Moosgummi herstellen.

Dazu malen sie zunächst kleine, einfache Formen wie Sonne, Mond, Sterne, Käfer, Smiley, Frösche oder Herzen mit einem Bleistift auf Papier. Die fertigen Formen schneiden sie aus, übertragen sie je 2-mal mit Bleistift oder Kugelschreiber auf ein Stück Wellpappe oder Moosgummi und schneiden sie aus. Kleinere Kinder können auch fertig ausgestanzte Motive aus Moosgummi an die Lesezeichenbänder kleben. Die Moosgummifiguren bemalen die Kinder je nach Motiv mit Augen, Mund, Nase oder Punkten.

Von dem schmalen Schleifenband schneiden die Kinder ein ca. 45 cm langes Stück ab und knoten an beide Enden des Bandes eine schöne Perle. Ungefähr 2–3 cm oberhalb der Perlen kleben sie jeweils zwei passende Motive so gegeneinander, dass das Band zwischen den Motiven liegt.

Die Kinder lassen die Lesezeichen kurz trocknen. Dann können sie diese in ihre Bücher legen oder natürlich auch an einen anderen Lesebegeisterten verschenken.

Mäuse- und Katzenspirale

Hier drehen sich Katze und Maus friedlich im Kreis!

Alter
ab 3 Jahren

Material
grauer und weißer Fotokarton, Teller, Bleistift, Schere, Klebstoff, Filzstifte, Wollreste, Nadel, Nähgarn, Schablonen „Mäuse- und Katzenspirale“ (S. 121)

Mithilfe eines großen Tellers malen die Kinder mit einem Bleistift einen Kreis

- für die Maus auf den grauen
- und für die Katze auf den weißen

Fotokarton und schneiden die Kreise aus.
Mit der Unterstützung eines Erwachsenen malen sie, wie in der Abbildung zu sehen, Spiralen auf die Kreise und schneiden sie entlang der gemalten Linien von außen nach innen aus.

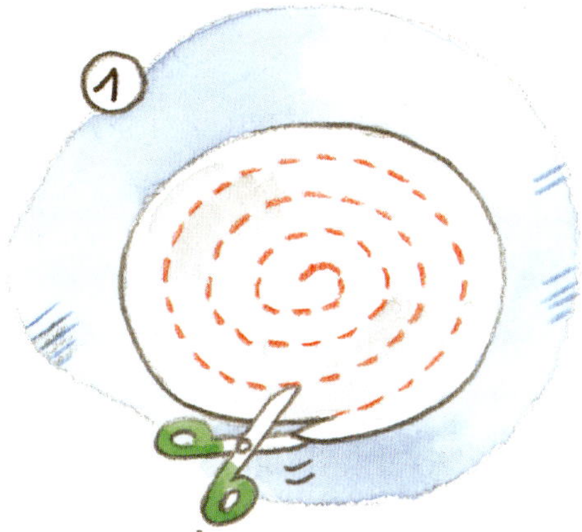

Mit den beiden Schablonen „Mäusespirale und Katzenspirale“ übertragen sie die Köpfe von Maus und Katze auf ein Stück grauen bzw. weißen Fotokarton, schneiden die Formen aus und kleben sie jeweils an das innere Ende der dazugehörigen Spirale.
Mit Filzstiften malen die Kinder die Augen, Schnäuzchen und die Schnurbarthaare auf die Tiere. Lustig sieht es auch aus, wenn sie den Tieren kleine Wollfäden als Schnurbarthaare ankleben. Wenn sie Lust haben, können sie auch Muster auf die langen Mäuse- und Katzenschwänze malen.

Zum Schluss ziehen die Kinder mit einer Nadel jeweils einen dünnen Nähgarnfaden oben durch die Köpfe und verknoten die beiden Enden der Fäden miteinander.

Wenn die Kinder nun ihre Mäuse und Katzen über eine Heizung hängen, beginnen sich die Spiralen durch die aufsteigende Luft von alleine zu drehen.

Meisenfutterstation

Alter
ab 3 Jahren

Material
kleiner Tonblumentopf (ø ca. 8 cm), Acrylfarben, Pinsel, Wasserglas, festes Band, Schere, 1 Holzdübel, 1 Meisenknödel

Bei solch einer tollen Futterstation dauert es bestimmt nicht lange, bis sich die ersten Gäste einfinden!

Für diese schöne Meisenfutterstation benötigen die Kinder kleine Tonblumentöpfe mit einem Durchmesser von ungefähr 8 cm am oberen Rand und Acrylfarbe. Blumentöpfe aus Ton kann man in Gartencentern und Acrylfarbe in Bastelläden kaufen.
Übrigens: Acrylfarbe ist für Kinderbastelaktionen sehr gut geeignet. Es ist Farbe, die bei der Verarbeitung wasserlöslich, dann aber nach der Trocknung wasserfest ist.

Die Kinder bemalen ihre Tontöpfe zunächst in einer hellen Grundfarbe und lassen die Farbe trocknen. Dann bemalen sie die Töpfchen nach eigenen Vorstellungen mit kleinen schönen Mustern und lassen die Farbe wieder trocknen.

In der Zwischenzeit schneiden sie ein 60 cm langes Stück von dem festen Band ab, legen es einmal in der Mitte zusammen und knoten die beiden Bandenden ca. 10 cm von der Schlaufe entfernt einmal zusammen.
Auf den Knoten legen sie zwischen die Bandenden einen Holzdübel und knoten ihn mit einem zweiten Knoten dort fest.

Ungefähr 5 cm unterhalb des Holzdübels machen sie noch einen dritten Knoten in die beiden Enden des Bandes. Jetzt knoten sie ein Netz mit einem Meisenknödel mit den übrigen Bandenden fest. Die obere Schlaufe des Bandes stecken sie von innen durch das Loch im Blumentopf. An dieser Schlaufe hängen sie ihre Meisenfutterstation in einen Baum.

Advent, Advent ...

Nikolausmobile

Alter
ab 4 Jahren

Material
roter und weißer Fotokarton, Bleistift, Schere, Watte, Klebstoff, Wachsmalstifte, Nadel und Nähgarn, Schablonen „Nikolausmobile“ (S. 122)

Hier zeigt sich der Nikolaus von seiner lustigen Seite!

Mithilfe der drei Schablonen „Nikolausmobile“ übertragen die Kinder mit einem Bleistift die Mütze und den Bauch des Nikolausmobiles auf roten Fotokarton und für seinen Kopf den kleineren Kreis auf weißen Fotokarton. Diese drei Formen schneiden sie aus.

Die Kinder kleben auf beiden Seiten der Mütze etwas Watte an den unteren Rand und etwas Watte als Bommel auf die Spitze der Zipfelmütze. Sie malen mit Filzstiften das Nikolausgesicht auf beide Seiten des kleinen, weißen Kreises und kleben auf beide Gesichter einen Wattebart. Auch auf beide Seiten des dicken, roten Bauches malen sie einen Gürtel und dicke Knöpfe.

Die drei Nikolausteile verbinden die Kinder mit einer Nadel und Nähgarn und befestigen zum Schluss ein längeres Band an der Zipfelmütze, an dem sie das ganze Mobile in ihrem Zimmer aufhängen können.

Walnussschiffchen

Schnell ist dieser hübsche Tischschmuck für einen gemütlichen Adventsnachmittag fertig.

Alter
ab 4 Jahren

Material
Teelichter, halbe Walnussschalen, evtl. Kerze, Zeitungspapier, 1 kleine Blechdose oder alter Topf, 1 Stövchen, Topflappen, flache Schüssel, Wasser oder Sand, Streusternchen

Die Kinder nehmen das Wachs der Teelichter aus den Alutöpfchen und ziehen vorsichtig die Dochte mit den Metallplättchen unten aus den Kerzen. Sie bestücken jede Walnusshälfte mit einem Docht, indem sie das Metallplättchen fest auf den Boden der Walnussschale drücken, evtl. mit einem Tropfen Kerzenwachs fixieren. Auf einer Zeitungsunterlage stellen sie die Walnusshälften in die Metalltöpfchen der Teelichter, damit sie beim Befüllen mit dem flüssigen Wachs gerade stehen und nicht so leicht umkippen.

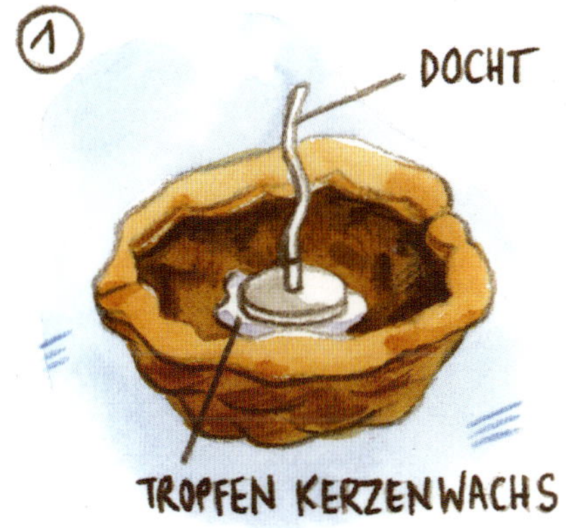

Für 2–3 Schiffchen legen die Kinder das Wachs eines Teelichtes in eine kleine Blechdose oder besser noch in einen alten, kleinen Topf. Mithilfe eines Erwachsenen zünden sie ein Teelicht im Stövchen an und stellen den Wachsbehälter darauf. Langsam beginnt das Wachs zu schmelzen.

Sobald das Wachs geschmolzen ist, nehmen die Kinder mithilfe eines Erwachsenen den Wachstopf mit einem Topflappen in die Hand und gießen zunächst nur etwas Wachs in die Schiffchen. Während das Wachs langsam auskühlt, haben die Kinder Zeit, die Dochte immer wieder gerade hinzustellen. Nach und nach gießen sie in alle Hälften immer mehr Wachs, bis sie ganz gefüllt sind. Das Wachs lassen sie ganz abkühlen.

In eine flache Schüssel füllen die Kinder etwas Wasser oder Sand, streuen ein paar Metallstreusternchen darüber und setzen die fertigen Schiffchen darauf.

Kleine Kugellichter

Alter
ab 3 Jahren

Material
kleine Wasserluftballons, Ball- oder Fahrradpumpe, Transparentpapier, kleine Schüssel, Kleisterpulver, Schere, Fotokarton, Klebstoff, Tacker, Teelicht

Die kleinen Laternen leuchten stimmungsvoll!

Zunächst pusten die Kinder mit einer Ball- oder Fahrradpumpe die kleinen Wasserluftballons auf und knoten den aufgeblasenen Luftballon zu. Das ist gar nicht so einfach, sodass dabei sicherlich ein Erwachsener helfen muss.

Die Kinder rühren in einer kleinen Schüssel Kleisterpulver mit etwas Wasser an und reißen ganz viele kleine Transparentpapierschnipsel zurecht. Für kleine Kinder geht das am besten, wenn Erwachsene das Transparentpapier für sie vorher in Streifen reißen.

Mit den Händen streichen die Kinder eine Kleisterschicht über den ganzen Luftballon und kleben in mehreren Schichten ganz viele bunte Transparentpapierschnipsel darauf. Über die einzelnen Papierschichten verteilen sie immer wieder Kleister. Wenn die Ballons mit einigen Papier- und Kleisterschichten bedeckt sind, hängen sie sie an einem Band zum Trocknen auf.

Erst wenn die Ballons ganz getrocknet sind, schneiden die Kinder ganz oben einfach den Knoten des Luftballons ab. Keine Angst, es knallt nicht, obwohl die Luftballons natürlich zerschnitten werden. Der Luftballon löst sich dann mit einem lustigen Knistergeräusch innen von alleine von der Papierschicht. Nun schneiden die Kinder mit der Schere den oberen Teil der Kugeln vorsichtig ab, damit sie später Teelichter hineinstellen können.

Aus Fotokarton schneiden sie für jede Kugel als „Fuß“ einen schmalen Streifen zu. Diesen tackern sie zu einem Ring zusammen, der so groß ist, dass ihre Kugel gut darauf stehen kann. Mit etwas Klebstoff kleben sie den Ring an die Kugel und setzen ein Teelicht hinein.

Schokoeisenbahn

Fast zu schön, um genascht zu werden!

Alter
ab 3 Jahren

Material
Puderzucker, Glasschale, Löffel, Papptablett, Dominosteine, Schokoplätzchen, Smarties, Gummibärchen, Cellophantüte, Geschenkband

In einem kleinen Glasschälchen rühren die Kinder mit einem Löffel ein paar Esslöffel Puderzucker tropfenweise mit etwas Wasser an, bis eine ganz dickflüssige Masse entsteht.

Mit dieser dicken Masse kleben die Kinder nun die Dominosteine auf einem kleinen Papptablett zu einer schönen, bunten Eisenbahn zusammen. Das Wichtigste bei der Verzierung sind dabei die Schokoplätzchen als Eisenbahnräder und natürlich die Gummibärchen als Schaffner und Reisende.

Wenn alles gut getrocknet ist, schieben die Kinder ihre Bahn vorsichtig in eine Cellophantüte und binden sie mit einem schönen Geschenkband zu.

Adventskalender mit Stoffsäckchen

Alter
ab 3 Jahren

Material
Stoffreste, Lineal, Schere
Moosgummi oder Fotokarton,
Locher, wasserfester Filzstift,
Geschenkbänder, Bast
Weihnachtssternchendraht,
Silberband, langes, dickes Seil
(ca.1,5 m lang)

Hier helfen die Kinder nur bei den Vorbereitungen, wie werden sie staunen, wenn zum 1. Dezember die gefüllten Säckchen dekorativ das Zimmer schmücken!

Die Kinder schneiden 24 Stoffquadrate in der Größe von ungefähr 30 x 30 cm zurecht. In diese Quadrate werden später die Adventsüberraschungen gelegt und der Stoff darüber zusammengerafft und zugebunden.

Aus Moosgummi oder Fotokarton schneiden sie dann 24 Kreise oder Sterne aus. Sie schreiben mit Unterstützung eines Erwachsenen mit dem Filzstift die Zahlen von 1 bis 24 darauf und stanzen mit einem Locher in jedes dieser Zahlenschilder ein Loch.

Zum Verschließen schneiden die Kinder für jedes der 24 Stoffsäckchen Geschenkbänder, Bast oder Stücke von Sternchenweihnachtsdraht zu und knoten jeweils ein Zahlenschild an das eine Ende der Bänder.

In der Adventszeit wird ein langes Seil vor ein Fenster, an eine Wand oder unter die Decke gehängt. Die Stoffsäckchen werden mit kleinen Überraschungen gefüllt, mit den vorbereiteten Zahlenbändchen zugebunden und mit Geschenkbändern oder Silberband an dem Seil befestigt.

Korkenwichtel

Diese Wichtel können als Tischdekoration dienen oder mit einem kleinen Bändchen am Weihnachtsbaum hängen.

Alter
ab 3 Jahren

Material
Filz, Unterteller, Kugelschreiber, Schere, Korken von Sektflaschen, Klebstoff, Watte, Filzstifte, Sternaufkleber, kleiner Tannenzweig, Dorn, evtl. Band

Mit einem Unterteller malen die Kinder mit einem Kugelschreiber einen Kreis (ca. 12 cm) auf ein Stück Filz. Sie schneiden ihn erst aus und dann in der Mitte durch. Die Halbkreise halbieren sie noch einmal, sodass Viertelkreise entstehen.

Die Kinder legen einen der Viertelkreise mit der runden Kante rund um den Kopf eines Sektkorkenmännchens. Sie probieren aus, wie die Mütze am besten auf dem Kopf aussieht. Diese kleine Anprobe vorher ist wichtig!

Sie bestreichen nun den Kopf oben mit Klebstoff und kleben den Viertelkreis als Mütze mit der Naht nach hinten auf den Kopf. Die hintere Naht der Mütze kleben sie mit etwas Klebstoff zusammen.

Mit Filzstiften malen sie lustige Gesichter auf ihre Korkenwichtel. Zum Schluss kleben sie ein Stück Watte als Bart an und vielleicht ein paar kleine Sternaufkleber auf die Zipfelmütze.

Mit einem Dorn können die Kinder an der Seite ein Loch in den Korken pieksen und dort eine kleine Tannenspitze hineinstecken. Sollen die Wichtel am Weihnachtsbaum hängen, ziehen die Kinder mit Nadel und Faden ein Band zum Aufhängen durch die Zipfelmützenspitze.

Nikolausanhänger

Alter
ab 3 Jahren

Material
roter, grüner und weißer Fotokarton, Watte, Filzstifte, Schere, Klebstoff, Nadel und Nähgarn, Schablonen „Nikolaus 1 und 2" (S. 122)

Diese lustigen Nikoläuse können die Kinder ans Fenster oder an einen Tannenzweig hängen oder ihn auch als Geschenkanhänger verwenden.

Mithilfe der Schablone „Nikolaus 1" übertragen die Kinder für einen Nikolaus ein Dreieck auf roten oder grünen Fotokarton und schneiden es aus.
Auf den weißen Karton übertragen sie mit der Schablone „Nikolaus 2" das Gesicht, schneiden es aus und kleben es in den unteren Teil des roten oder grünen Dreiecks.

Auf die Spitze der Zipfelmütze kleben die Kinder eine kleine Kugel aus Watte. In das Nikolausgesicht kleben sie ein kleines Stück Watte als Bart und malen mit Filzstiften ein Gesicht auf die weiße Pappe.

Zum Schluss ziehen sie mit Nadel und Faden ein Band zum Aufhängen durch die Zipfelmützenspitze.

Kugelstern

Viele dieser Sterne bringen Farbe in die Weihnachtszeit!

Alter
ab 3 Jahren

Material
1 Styroporkugel oder Blumensteckkugel (ca. 6 cm dick), Alufolie, Strohhalme, Schere, Dorn, dünnes, festes Band

Die Kinder wickeln die Styroporkugel so mit Alufolie ein, dass sie gerade eben mit Alufolie bedeckt ist. Sie schneiden unterschiedlich lange Strohhalmstücke mit der Schere zurecht. Sie schneiden die Strohhalme schräg ab, so dass die Enden spitz werden. Das sieht schön aus und die Enden lassen sich leichter in die Kugel zu pieksen.

Besonderen Spaß macht es den Kindern, die Strohhalme in die Kugel zu pieksen. Sie stechen mit einem Dorn oder mit einem anderen spitzen Gegenstand nach und nach Löcher in die Kugel und drücken die Strohhalme mit einer spitzen Seite vorsichtig in die Kugel.

Zum Schluss ziehen die Kinder ein festes Band durch ein kleines Strohhalmstück und machen einen dicken Knoten an eine Seite, so dass das Band nicht durch den Halm rutschen kann. Diesen Strohhalm stecken sie mit dem Knoten zuerst tief in die Kugel. Jetzt können die Kinder ihren Kugelstern im Zimmer aufhängen.

Tannenzapfenwichtel

Alter
ab 3 Jahren

Material
Kiefernzapfen,
Wattekugel (ca. 3 cm dick),
Klebstoff, Watte, Filzstifte,
Goldpapier, Filz, Bleistift, Schere,
kleine Sternchenaufkleber,
kleiner Tannenzweig

Eine schöne Aktion zu Geschichten aus der weihnachtlichen Wichtelwelt …

Die Kinder brechen an der Spitze der Kiefernzapfen ein paar Blätter ab. Auf jede der so entstandenen Spitzen drücken sie in die Mitte der Zapfen eine Wattekugel als Kopf des Wichtels. Diese befestigen sie dort zusätzlich mit etwas Klebstoff. Sie kleben Watte als Haare auf den Kopf und malen mit Filzstiften ein Gesicht auf. Dann kleben sie ihren Wichteln lange, spitze Bärte aus Watte an.

Für die Zipfelmütze legen die Kinder eine Untertasse auf ein Stück Goldpapier oder Filz und malen mit einem Bleistift rundherum. Sie schneiden den Kreis aus und halbieren ihn. Für eine Zipfelmütze benötigt jedes Kind nur einen Halbkreis. Diesen formen sie, wie in der Abbildung beschrieben, zu einer spitzen Mütze. Sie kleben die Mütze mit einem Tropfen Klebstoff hinten zusammen und kleben sie dann auf den Kopf des Wichtels. Auf die Spitze der Papier- oder Filzzipfelmütze können sie zur Verzierung eine kleine Wattekugel oder kleine Sternchenaufkleber kleben. Nett sieht es auch aus, wenn sie ihrem Wichtel einen kleinen Tannenzweig anstecken.

Alles für die Weihnachtsfeiertage

Süße Tannenbäume

Alter
ab 2 Jahren

Material
große Kiefernzapfen, Puderzucker, Zitrone, kleine Schüssel, Löffel, Pappe, Schere, Tacker, Schokoladenplätzchen, Smarties

Dieser zuckersüße Tischschmuck ist fast zu schade, um ihn aufzuessen, oder? Wer kann widerstehen?

Für diese süßen Tannenbäume brauchen die Kinder ganz große Kiefernzapfen. Sie waschen die Zapfen unter fließendem Wasser gründlich ab und lassen sie gut trocknen.

Für einen Zapfen rühren die Kinder in einer kleinen Schüssel mit einem Löffel ca. 50–100 g Puderzucker mit ein paar Tropfen Zitrone zu einer ganz dicken, zähen Masse an.

Damit der Zapfen gut stehen kann, schneiden sie einen Pappstreifen passend zurecht und tackern ihn zu einem Ring zusammen.

Nun verzieren die Kinder die Zapfen rundum mit Schokoplätzchen oder Smarties, indem sie die Süßigkeiten an der unteren Seite mit etwas Puderzuckermasse bestreichen und diese dann in die Zapfenfächer kleben.

Geschenkschachteln

So werden aus alten Schachteln wunderschöne Dosen zum Verpacken von Geschenken.

Alter
ab 2 Jahren

Material
Kleister, Marmeladenglas, schöne Schachteln, Geschenkpapierreste,

Da der Kleister etwas ziehen muss, rühren die Kinder zunächst in dem Marmeladenglas Kleisterpulver mit Wasser zu Kleister an. Dann reißen sie Weihnachtspapierreste in viele kleine Schnipsel. Kleine Kinder können Papier am besten zerreißen, wenn Erwachsene ihnen das Papier vorher in Streifen reißen.

Mit den Händen streichen die Kinder die Schachteln, die sie bekleben möchten, rund herum mit Kleister ein. Sie kleben nach und nach viele Papierschnipsel darauf. Über alle Papierschnipsel verteilen sie immer wieder eine Kleisterschicht. Die Kinder werden sehen, dass sie bald schon nicht mehr sehen können, wo die einzelnen Schnipsel anfangen und wo sie aufhören. Die an den Kanten überstehenden Schnipsel kleben sie sofort mit Kleister einfach um die Ecke. Bei der letzten Papierschicht achten die Kinder darauf, dass sie besonders schöne Papierstücke aufkleben. Zum Schluss verstreichen sie noch einmal eine dünne Schicht Kleister über die ganze Schachtel.

Wenn die Schachteln ganz und gar beklebt sind, stellen die Kinder sie zum Trocknen mit der Innenseite auf Gläser, damit sie nicht auf der Unterlage festkleben. Sollte sich die Schachtel durch die Feuchtigkeit etwas verzogen haben, können sie Kinder sie während der gesamten Trocknungszeit wieder zurechtformen.

Kleine Engelchen

Alter
ab 4 Jahren

Material
weißer Pfeifenputzer, Lineal, Schere, unlackierte Holzperlen oder Wattekugeln (1,5 cm dick), weiße Stoffspitze oder breites Geschenkband, Nadel und Nähgarn, Goldpapier, Watte oder weiße Wolle, Klebstoff, Filzstifte

Ein bezaubernder Schmuck für Tannenzweige oder den Weihnachtsbaum.

Für ein Engelchen schneiden die Kinder jeweils zwei 18 cm lange Stücke Pfeifenputzer ab. Sie legen die beiden Stücke aufeinander und biegen beide in der Mitte einmal zusammen. Nun verdrehen sie die Enden ganz oben an der Schlaufe zweimal umeinander. Diese Schlaufe stecken sie in die Öffnung einer Holz- oder Wattekugel. Zwei Pfeifenputzerenden biegen sie als Arme zur Seite und die Enden als kleine Hände um. Die anderen beiden Pfeifenputzerenden sind die Beine des Engelchens. Auch deren Enden biegen die Kinder als Füße um.

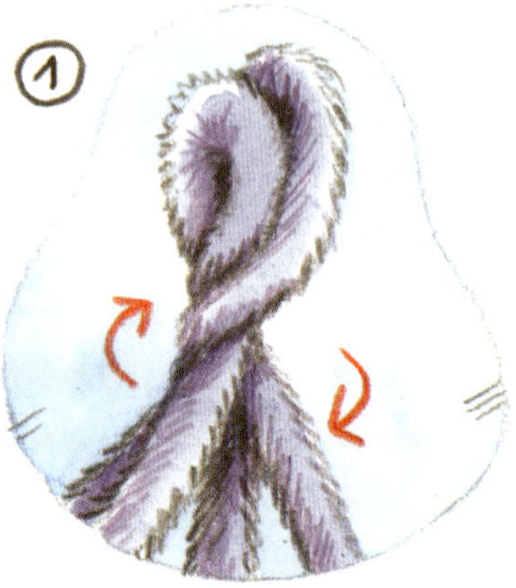

Jetzt schneiden die Kinder für ihre Engelchen ein ca. 20 cm langes Stück weiße Spitze oder breites Geschenkband ab. Sie ziehen mit einer Nadel einen langen Faden mit einem einfach „Rauf-und-runter-Stich" durch die Spitze. Sie kräuseln die Spitze zu einem Röckchen zusammen und binden es mit den Fadenenden um den Hals des Engels. Die Fadenenden schneiden sie noch nicht ab, da sie mit diesen Fäden auch noch die Flügel annähen können. Wenn in der Spitze nicht schon Löcher sind, durch die die Kinder die Arme nach außen stecken können, schneiden sie zwei kleine Löcher hierfür in die Spitze und schieben die Arme hierdurch nach außen.

Die Kinder falten ein Stück Goldpapier aufeinander. Sie malen an die Faltkante einen Engelflügel und schneiden ihn entlang der gemalten Linie doppellagig aus. Sie falten die Flügel auseinander und nähen sie mit ein oder zwei Stichen auf dem Rücken des Engels fest.

Aus Watte oder weißer Wolle kleben sie Haare auf den Kopf und malen mit Filzstiften ein Engelsgesicht auf. Wenn die Engel eine Krone bekommen sollen, schneiden die Kinder aus einem Stück Goldpapier eine kleine Krone aus und kleben sie auf den Engelkopf.

Zum Aufhängen ziehen sie mit einer Nadel einen Faden durch das Haar und verknoten die Enden miteinander.

Tannenbaumkette

Als Tischdekoration sieht es toll aus, wenn gleich mehrere solcher Tannenbaumreihen zu kleinen Tannenwäldern zusammen auf den Tisch gestellt werden.

Alter
ab 4 Jahren

Material
dünner, grüner Fotokarton (DIN A4), Schere, Bleistift, Sternaufkleber, Schablone „Tannenbaumkette" (S. 122)

Die Kinder schneiden einen grünen DIN-A4-Karton einmal der Länge nach durch.
Jeden der Streifen falten sie

- einmal quer aufeinander
- und jede der beiden offenen kurzen Kanten noch einmal nach außen

so dass der Streifen jetzt in vier Teile gefaltet ist und wie eine Ziehharmonika aufzustellen ist.

Diese Ziehharmonika falten die Kinder wieder zusammen. Sie malen mithilfe der Schablone „Tannenbaumkette" einen Tannenbaum darauf und schneiden den Baum einmal durch alle vier Pappen gleichzeitig aus.

Die Kinder ziehen die Tannenbaumziehharmonika wieder auseinander und bekleben sie von beiden Seiten mit kleinen Sternaufklebern.

Haselnuss- und Zapfenmännchen

Alter
ab 4 Jahren

Material
dicke Haselnüsse, unlackierte Holzperlen (1,5 cm dick), Filz , Lineal, Bleistift, Schere, Klebstoff, Filzstifte, Nadel und Nähgarn, kleine Zapfen, Wattekugeln, Watte

Für das Haselnussmännchen kleben die Kinder eine Holzperle als Kopf auf das stumpfe Ende einer Haselnuss. Als Mäntelchen schneiden sie ein Rechteck aus Filz in der Größe von ca. 3 x 8 cm zurecht.

Sie bestreichen eine lange Seite des Filzrechtecks am Rand mit Klebstoff. Entlang dieser Klebekante klappen die Kinder das Rechteck in der Mitte aufeinander, so dass das kleine Mäntelchen mit Zipfelmütze entsteht. Dieses legen sie mit der Klebekante nach hinten über das Männchen. Das Gesicht soll frei bleiben. An der rechten und linken Seite kleben sie den Filzmantel an der Haselnuss etwas fest. Sie wickeln ein Stück Nähgarn am Hals um den Mantel, verknoten die Enden und schneiden die Garnenden ab.

Mit Filzstiften malen sie nun ein Gesicht auf. Zum Aufhängen ziehen sie einen Faden mit einer Nadel oben auf dem Kopf durch die Mütze (nicht durch die Zipfelmützenspitze!) und verknoten die beiden Fadenenden miteinander.

Die Kinder können auch aus kleinen Zapfen und Wattekugeln kleine Männchen für den Tannenbaum basteln. Sie schneiden hierzu ein etwas größeres Rechteck für den Mantel zurecht, kleben erst die Wattekugel auf den Zapfen und dann den Filzmantel darüber. Dann malen sie das Gesicht auf und kleben einen Wattebart an. Mit Nadel und Faden befestigen sie ein Band zum Aufhängen an dem Männchen.

Kleine Erdnusswichtel

Besonders gut wirken diese süßen Erdnusswichtel, wenn ganz viele von ihnen am Tannenzweig oder am Weihnachtsbaum hängen.

Alter
ab 4 Jahren

Material
dicke Erdnüsse mit Schale, Filz oder Stoff, Lineal, Bleistift, Watte, Klebstoff, Filzstifte, Nadel und Nähgarn

Für Erdnusswichtel suchen sich die Kinder Erdnüsse aus, in denen zwei Nusskerne stecken. Sie schneiden aus Filz oder aus einem Stück Stoff ein Rechteck in der Größe von ca. 3 x 8 cm zurecht. Sie legen es in der Mitte zusammen und kleben es so auf eine Erdnuss, dass es wie ein Mantel mit Zipfelmütze aussieht. Sie kleben die Mütze hinten zusammen und an den Seiten fest. Auf die Spitze der Zipfelmütze können sie eine kleine Wattekugel kleben.

Mit Filzstiften malen die Kinder Gesichter auf die Erdnusswichtel. Sie ziehen mit einer Nadel einen Faden durch die Zipfelmütze und verknoten die beiden Fadenenden miteinander.

Als **einfache Variante** malen die Kinder mit einem roten Filzstift eine Mütze direkt auf die Erdnuss. So brauchen sie keinen Mantel aus Filz anzufertigen. Sie können ihrem Männchen aber ein kleines Stückchen Watte als Bart ankleben.

Schöne Weihnachtskarten

Alter
ab 3 Jahren

Material
doppelte Briefkarten, Fotokarton, weißes Papier, buntes Papier, Bleistift, Lineal, Schere, Locher, kleine Aufkleber, Filzstifte, Motivlocher, Bastelfarben, Klebstoff, Geschenkband

Viele verschiedene Möglichkeiten, um mit den Kindern mit wenig Aufwand abwechslungsreiche Weihnachtskarten herzustellen.

Für die verschiedenen Weihnachtskarten können die Kinder entweder fertige, weiße oder farbige Doppelbriefkarten verwenden oder Karten, die sie aus Fotokarton selber zuschneiden. Dazu schneiden sie eine Karte aus Fotokarton in der Größe von 22 x 15 cm zurecht und falten diese mit den beiden kurzen Seiten aufeinander.

Konfettischneemann
Dazu malen die Kinder mit Bleistift die Konturen eines dicken Schneemannes auf eine blaue Briefkarte. Mit einem Locher lochen sie aus weißem Papier ganz viele Punkte aus. Sie streichen den Bauch und den Kopf des Schneemannes mit Klebstoff ein und streuen die weißen Konfettipunkte darauf. Für den Hut lochen sie aus farbigem Papier wieder Punkte aus und kleben diese auf die Hutfläche. Sie schneiden aus andersfarbigem Papier oder Karton Augen, Nase und Knöpfe aus und kleben sie auf den Karton.

Tannenbaum
Für die Tannenbaumkarte benötigen die Kinder grüne Doppelbriefkarten oder sie stellen selber welche aus grünem Fotokarton her. Sie übertragen mit der Schablone „Tannenbaumkarte“ (S. 122) die Form des Tannenbaums auf die Karte. Wenn die Karte ein weißes Innenblatt haben soll, legen die Kinder ein doppeltes weißes Papier in die bunte Karte und schneiden dann gleichzeitig die bunte Karte mit dem inneren weißen Papier aus. Den so entstandenen Tannenbaum bekleben sie mit kleinen Sternchen oder tupfen bunte Weihnachtskugeln aus Fingerfarbe mit den Fingern darauf.

Nikolaus
Die Nikolauskarte stellen die Kinder aus rotem Fotokarton oder aus roten Briefkarten her. Sie übertragen mithilfe der Schablone „Nikolauskarte 1“ (S. 123) den Nikolaus auf die Karte und schneiden die Nikolausform aus. Das Gesicht mit

Bart übertragen die Kinder mit der Schablone „Nikolauskarte 2“ (S. 123) auf weißen Fotokarton und schneiden auch diese Form aus. Das Gesicht kleben sie auf die Karte und malen mit Filzstiften das Gesicht auf den Nikolaus.

Schneemannkarten

Die Kinder haben zwei verschiedene Möglichkeiten Schneemannkarten herzustellen.

- Für die weiße Schneemannkarte übertragen sie die Form mit der Schablone „Schneemannkarte“ (S. 123) auf eine weiße Briefkarte und schneiden den Schneemann aus. Dann bemalen sie ihn mit Augen, Nase, Hut und Knöpfen.
- Für die Fingerdruckschneemannkarte übertragen sie die Form auf eine dunkle Briefkarte und legen ein weißes, doppeltes Papier in die Karte. Nun schneiden sie die Form auf der Karte gleichzeitig mit dem innenliegenden Papier aus. Mit weißer Finger- oder Bastelfarbe betupfen die Kinder den Kopf und den Bauch des Schneemanns mit ihren Fingern mit ganz vielen weißen Punkten. Mit anderen Farben tupfen sie Augen, Nase, Mund, Knöpfe und einen Schal auf den Schneemann.

Gestanzte Weihnachtskarte

Die Kinder verwenden bunte Briefkarten und schneiden passende weiße Innenblätter zu. In den Rand der Karte stanzen sie mit kleinen Motivstanzern kleine Motive. Damit das weiße Innenblatt nicht herausfällt, schneiden sie ein schönes, dünnes Band zurecht, legen es in der Mitte um die Faltkante und verknoten die beiden Enden unten an der Karte miteinander.

Krippe mit Korkenfiguren

Alter
ab 4 Jahren

Material
Sektkorken, Weinkorken, Wollreste, Watte oder Naturwolle, Stoffreste, Filz, Spitze, verschiedenes Papier, Schere, Nadel und Nähgarn, Klebstoff, Streichholzschachtel, unlackierte Holzperle, Filzstifte, Zahnstocher, Moos, Heu oder Stroh, evtl. Pappkarton

Ist die Krippe fertig – dann kann Weihnachten kommen!

Für diese tolle Krippe benötigen die Kinder viele Materialien. Je mehr unterschiedliche Stoff- Filz und Wollreste, Spitzen, Farben, Klebstoff und Papier den Kindern zur Verfügung steht, umso besser entwickelt sich ihre Fantasie.

Die Kinder legen alle Materialien zurecht und fangen einfach an. Die Figuren wie Maria, Josef, Engel und Hirten basteln sie am besten aus Sektkorken. Sie malen ihnen Gesichter an, kleben ihnen Haare aus Wolle, Naturwolle oder Watte auf und schneidern für sie Kleider, Mäntel, Kopftücher oder Hüte aus Stoff, Filz, Spitzen und Papier. Da sind der Fantasie der Kinder keine Grenzen gesetzt.

Für das Jesuskind bauen die Kinder ein Bettchen aus einer Streichholzschachtel mit einem Kissen aus Stoff. In die Kissen kleben sie eine Holzperle als Kopf, auf die sie mit Filzstiften ein kleines Gesicht malen.

Aus normalen Weinkorken, Streichhölzern, Zahnstochern und Watte oder Naturwolle basteln die Kinder Schafe und vielleicht auch einen Hund für die Schafherde.

Sobald die Figuren fertig sind, bauen die Kinder die Krippe auf. Sie legen Moos, Heu oder Stroh auf ein Tablett oder eine geeignete Schale und stellen die Figuren darauf. Besonders geschickte Kinder können auch aus einem Karton eine Krippe basteln, in die sie ihre Figuren stellen können. Zum Schluss stellen sie noch ein paar Teelichter zu ihrer Krippe.

Anhang

Schablonen

Anleitung zur Herstellung der Schablonen

Die gewünschte Form wird von der Schablonenvorlage auf ein Stück Pappe übertragen. Zuerst wird dünnes, durchscheinendes Papier über die entsprechende Form gelegt. (Mit einer Büroklammer oben an der Seite fixieren, damit nichts verrutschen kann!) Die durchschimmernden Umrisse werden mit einem Bleistift auf dem Papier nachgezeichnet. Die so auf das Papier kopierte Form wird ausgeschnitten, auf ein Stück Pappe gelegt und wiederum mit dem Bleistift ummalt. Nun kann die Pappschablone ausgeschnitten werden.

Schnelle Variante
Verwenden Sie alte, feste transparente Folien (z. B. von Verpackungsmaterial) und Permanentmarker, um die Umrisse zu übertragen. Sie müssen diese dann nur noch ausschneiden – fertig ist die Schablone!

Hinweis
Lassen Sie ruhig die Kinder so früh wie möglich die Schablonen selbst anfertigen – es muss nicht alles perfekt sein!

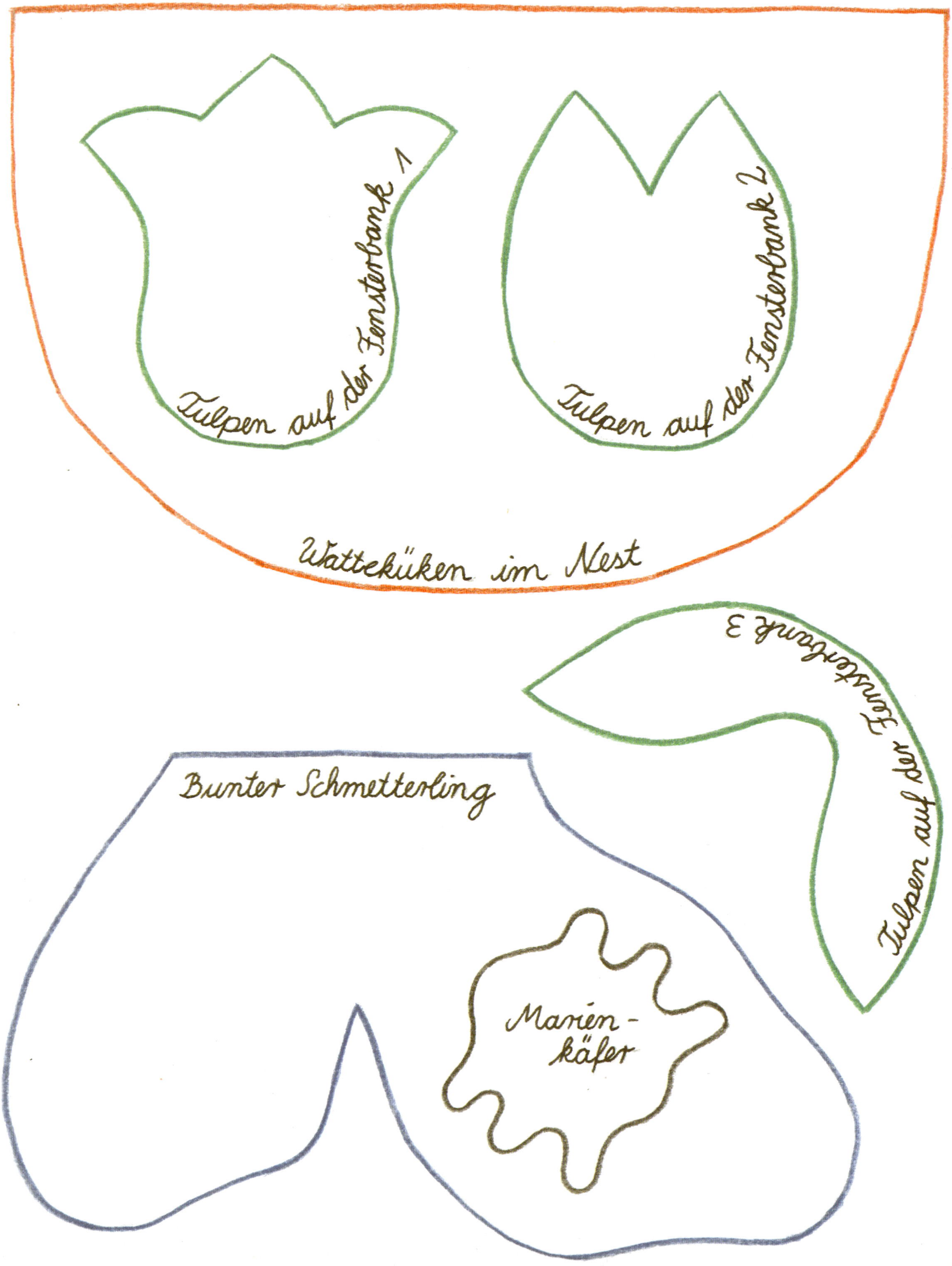
Tulpen auf der Fensterbank 1
Tulpen auf der Fensterbank 2
Wattekücken im Nest
Tulpen auf der Fensterbank 3
Bunter Schmetterling
Marien-
käfer

Küken im Ei 1

Küken im Ei 2
Küken im Ei 3

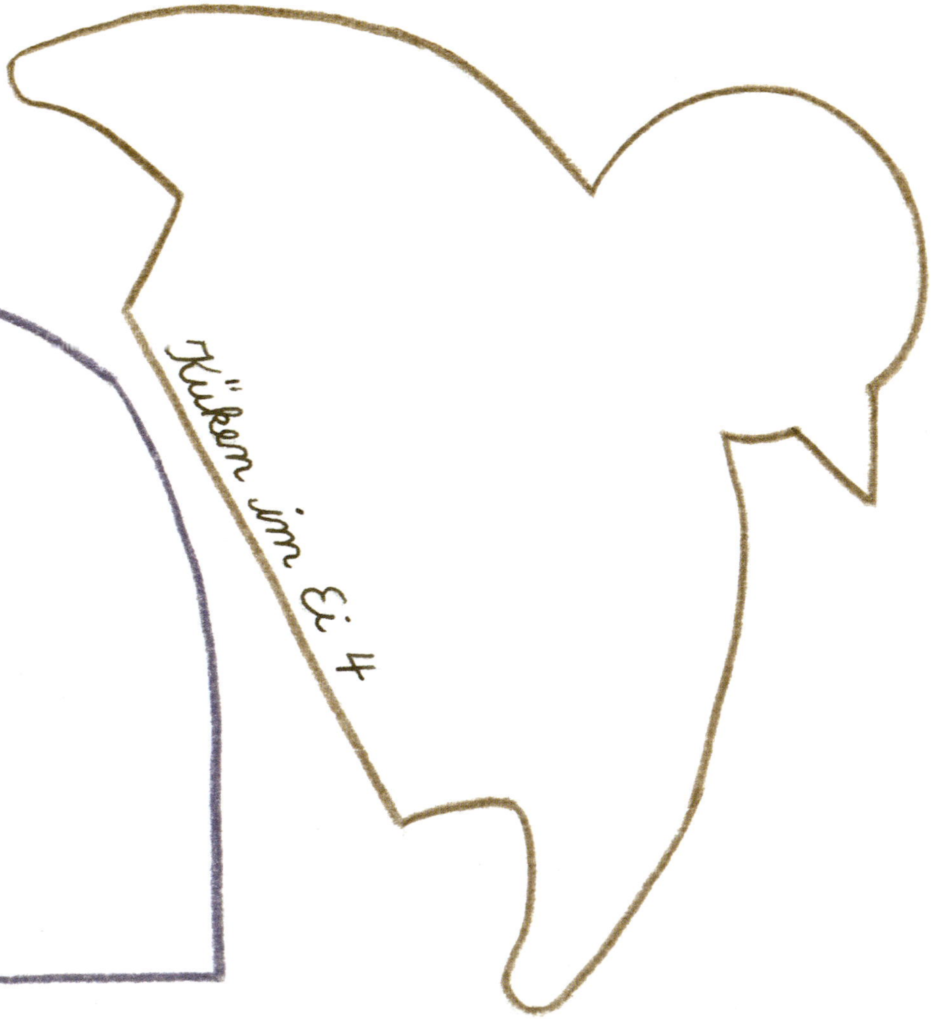
Küken im Ei 4

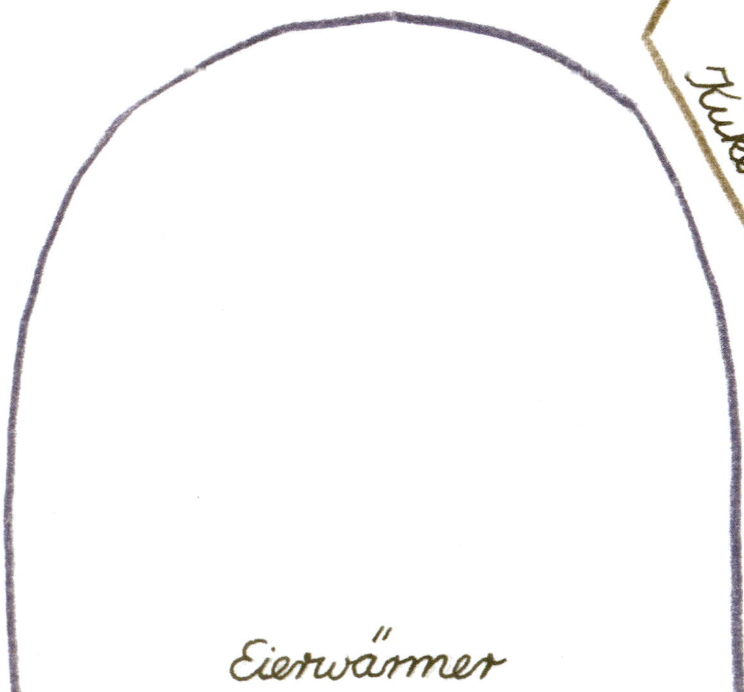
Eierwärmer

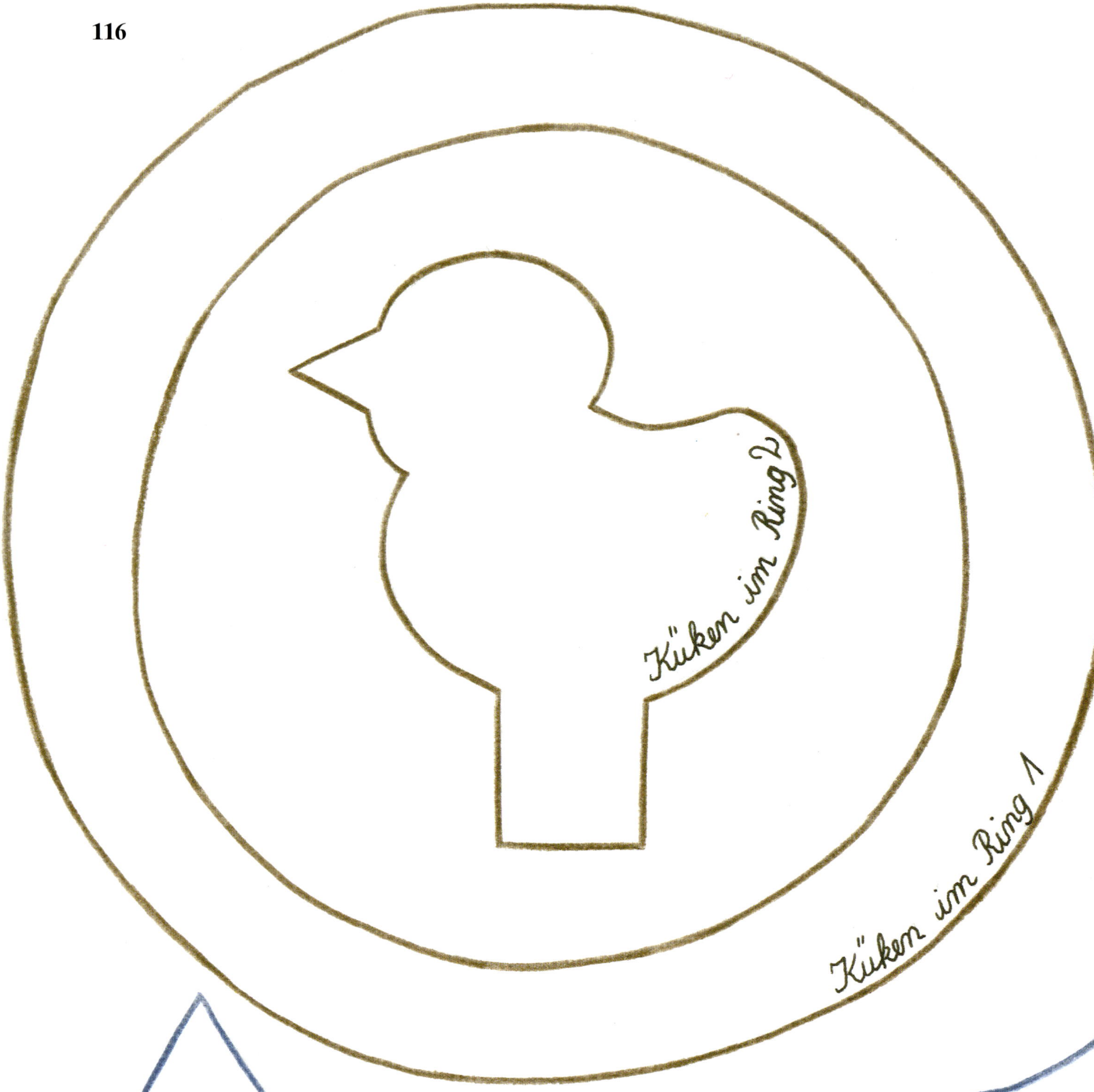
Küken im Ring 2
Küken im Ring 1

Mondmobile 3

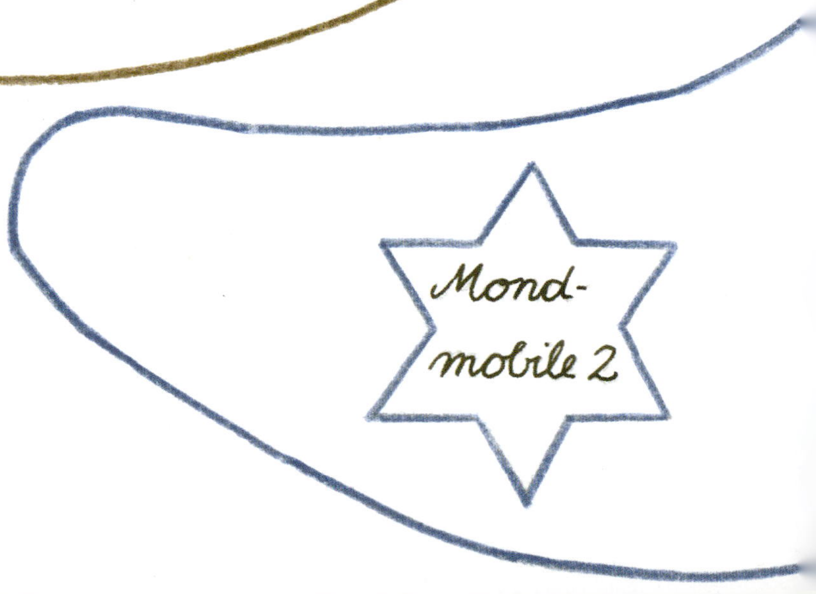
Mond-
mobile 2

Blütenzauber

Mondmobile 1

Sternenzauber

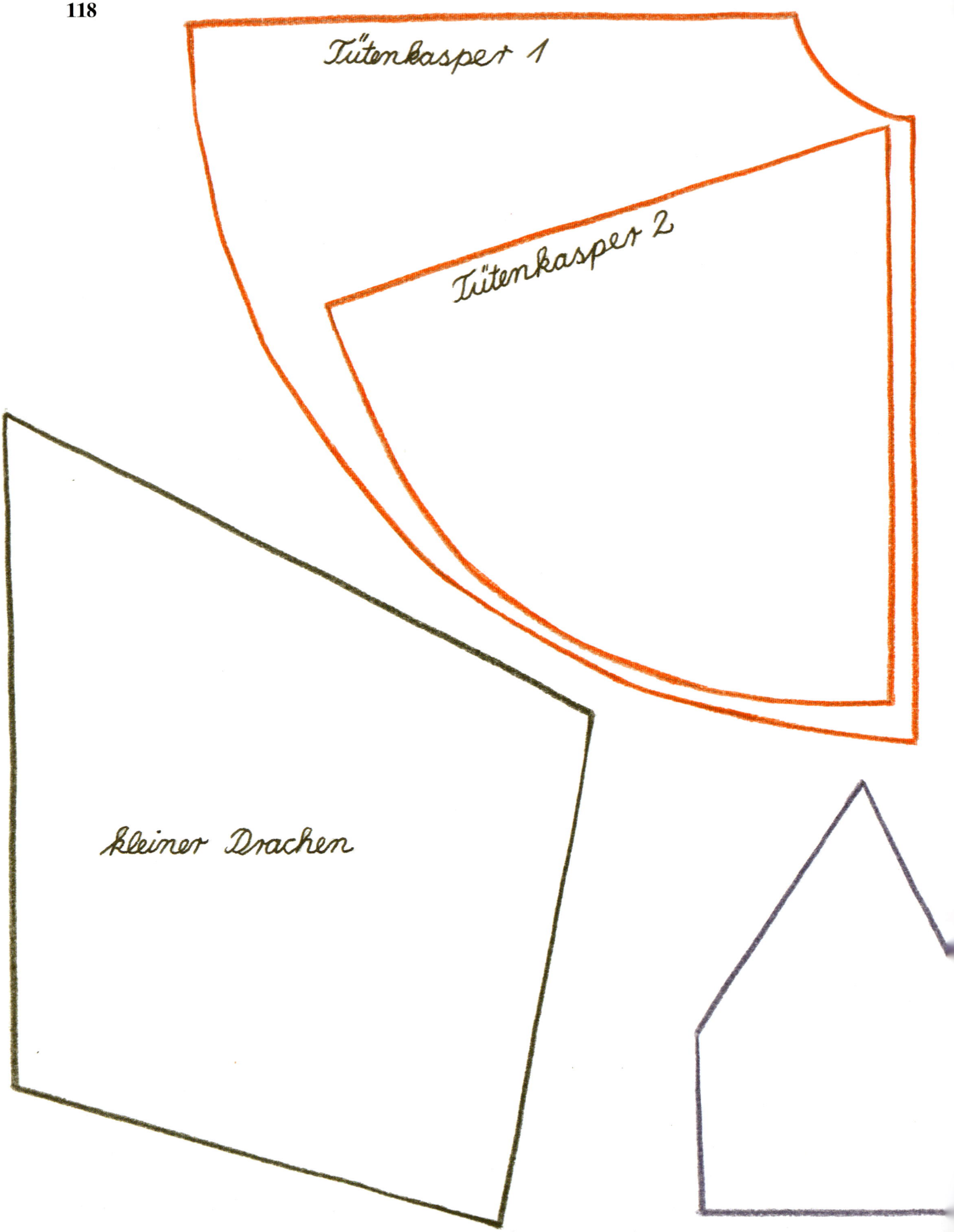
Tütenkasper 1
Tütenkasper 2
Kleiner Drachen

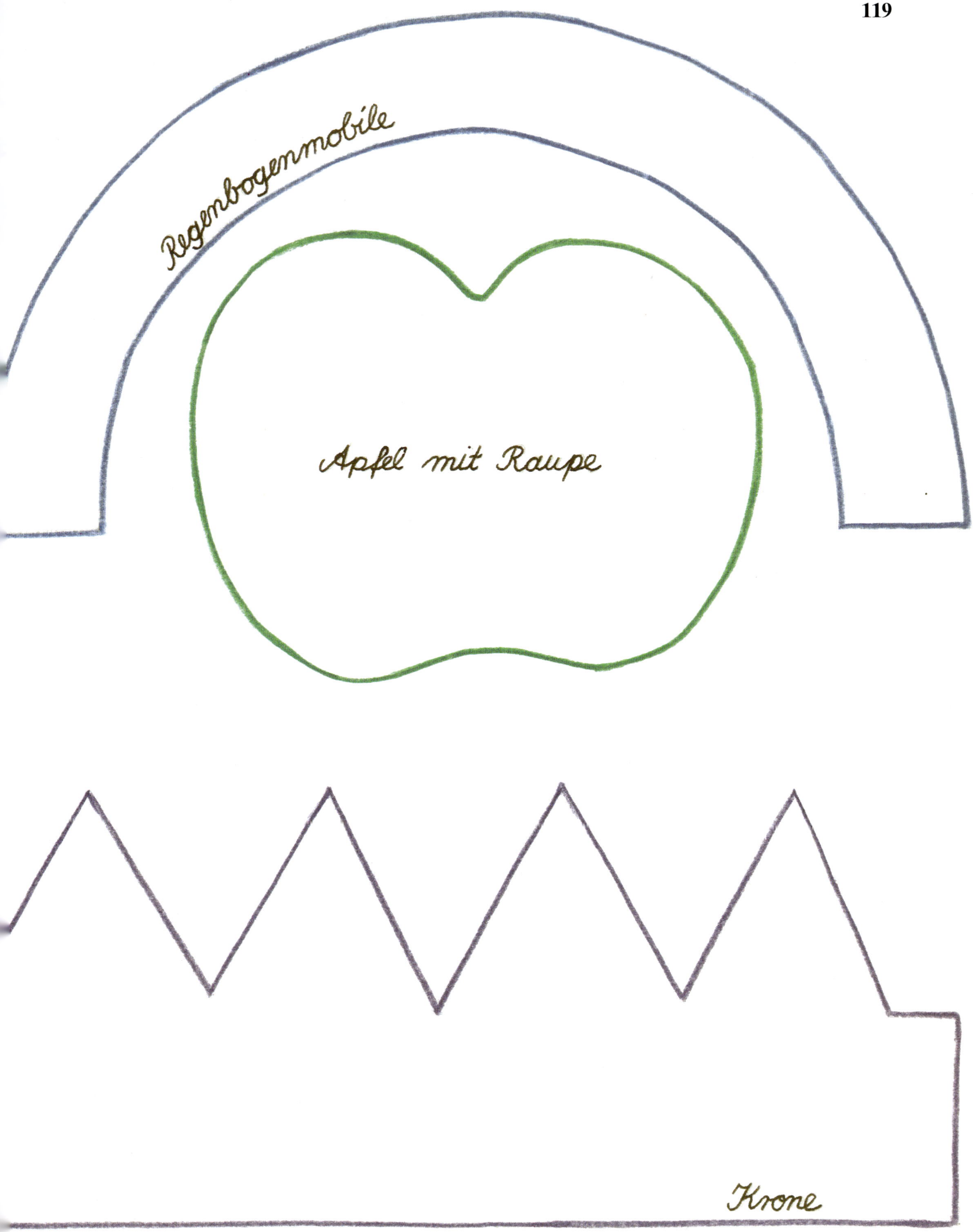
Regenbogenmobile
Apfel mit Raupe
Krone

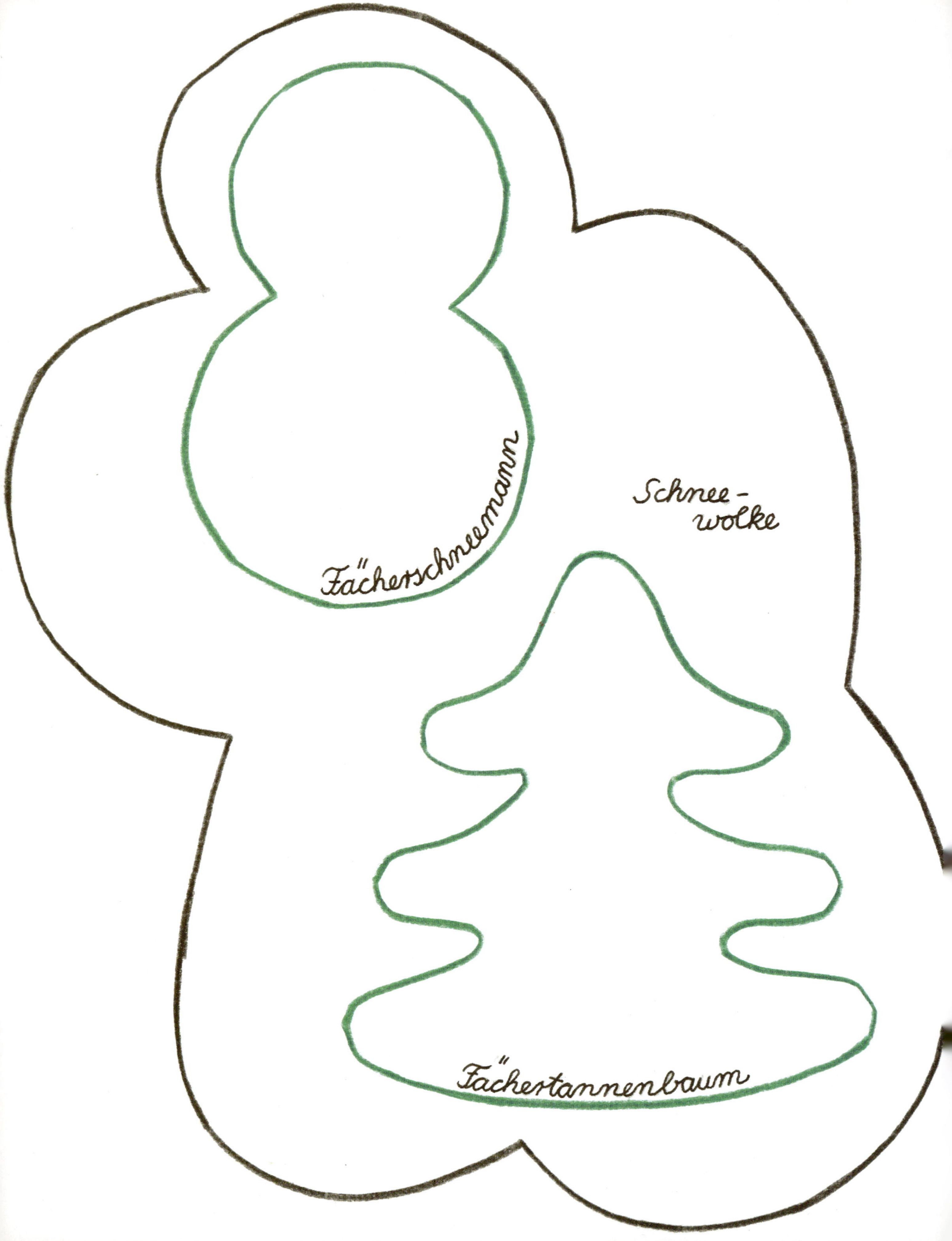
Fächerschneemann
Schnee-
wolke
Fächertannenbaum

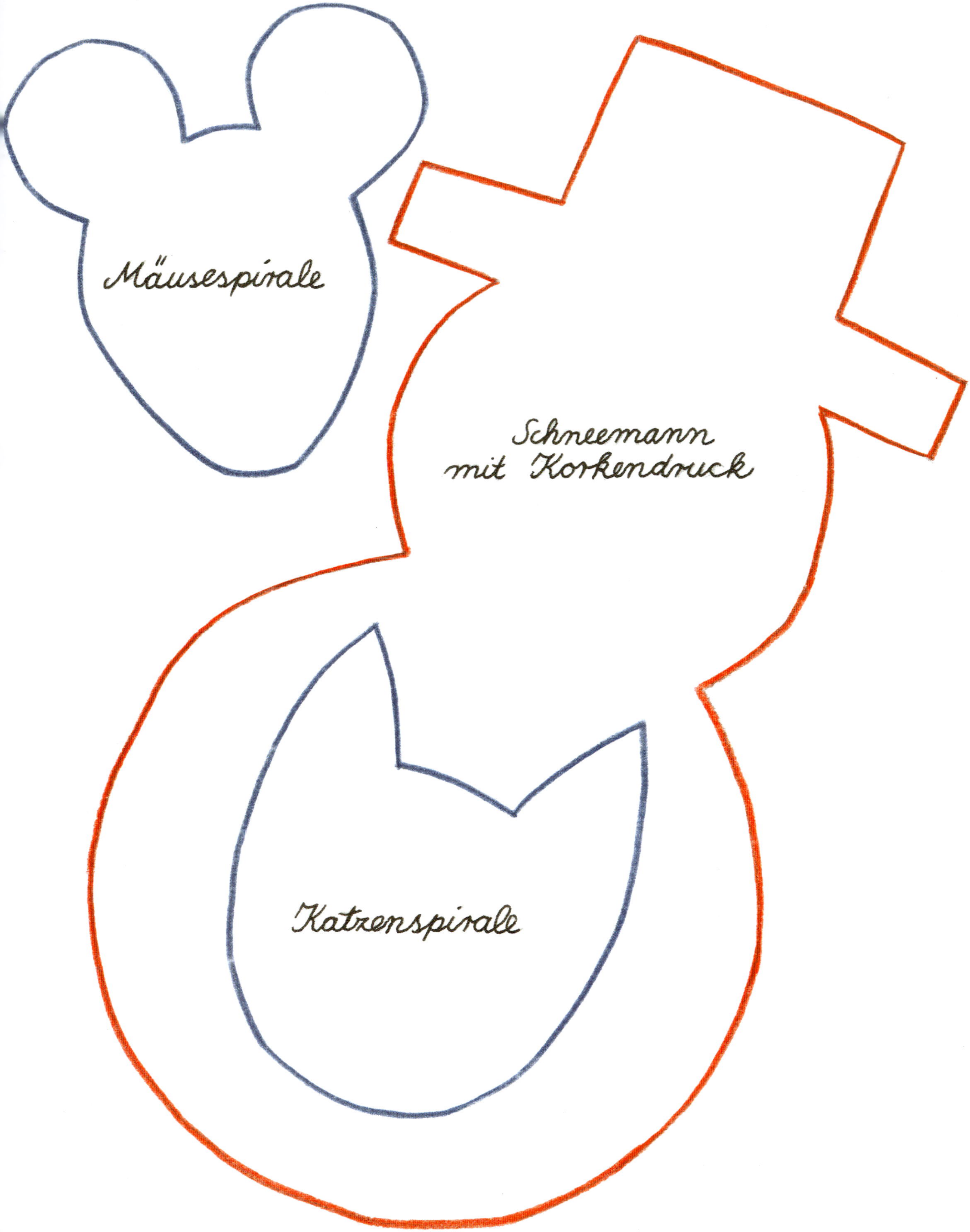
Mäusespirale
Schneemann mit Korkendruck
Katzenspirale

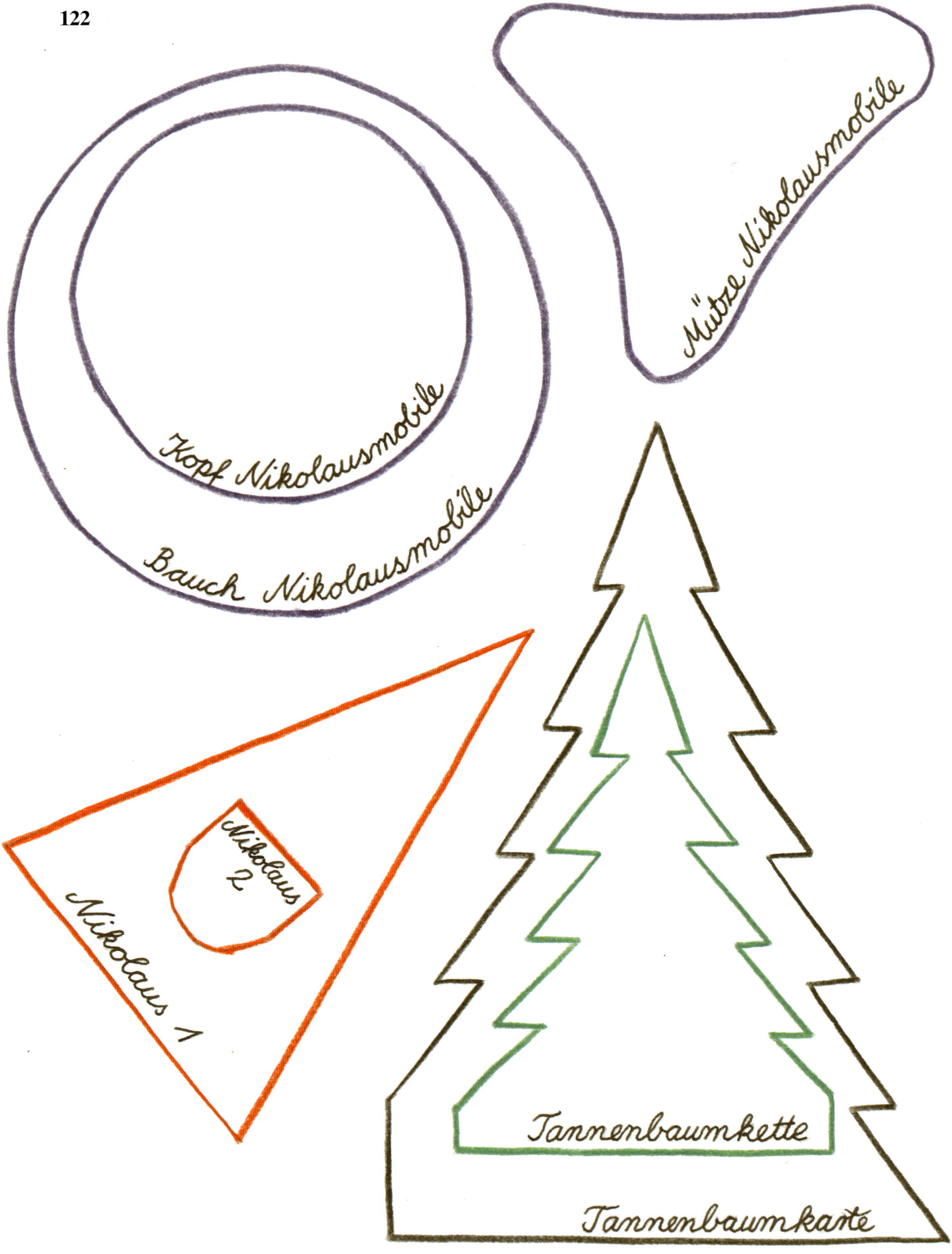
Mütze Nikolausmobile
Kopf Nikolausmobile
Bauch Nikolausmobile
Nikolaus 2
Nikolaus 1
Tannenbaumkette
Tannenbaumkarte

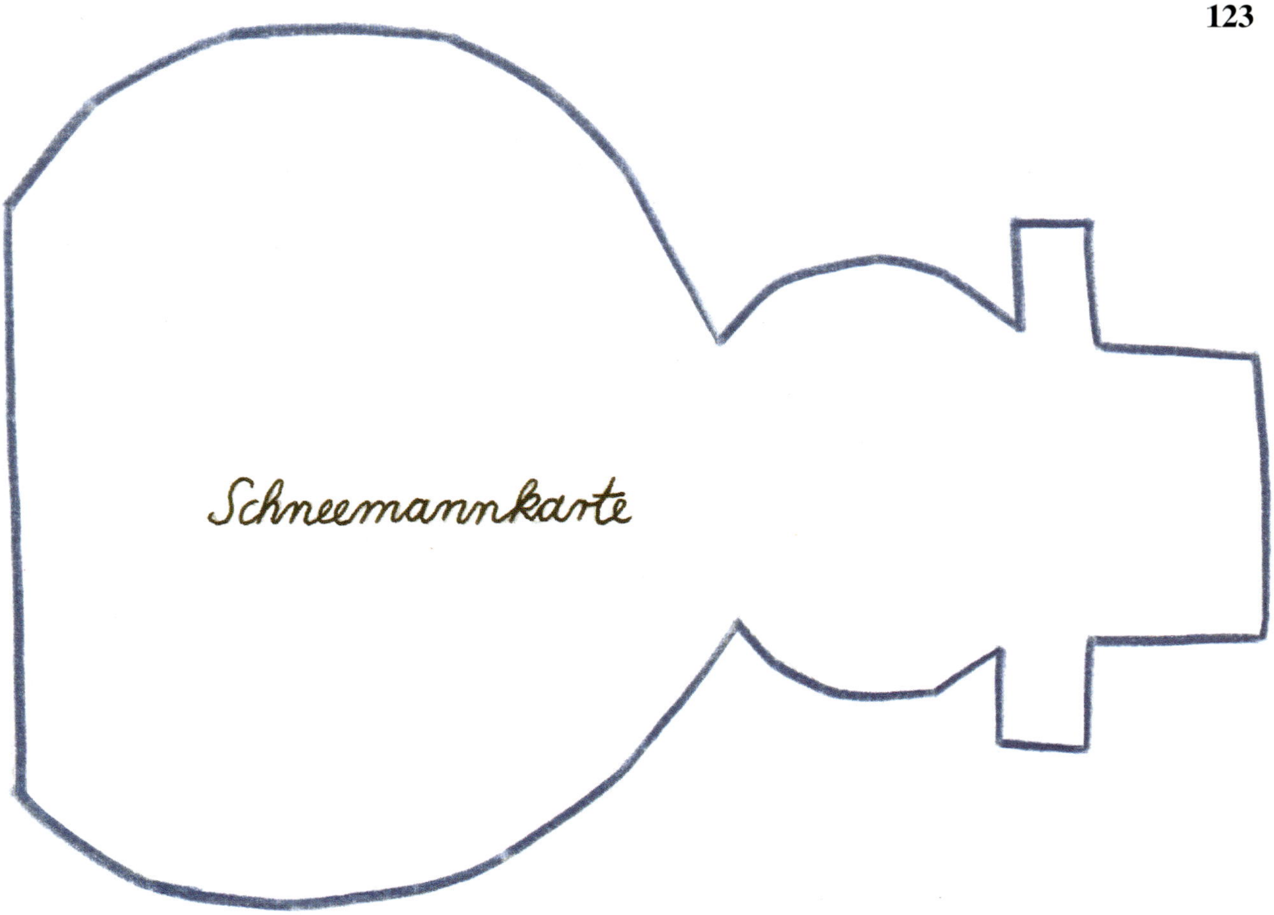
Schneemannkarte

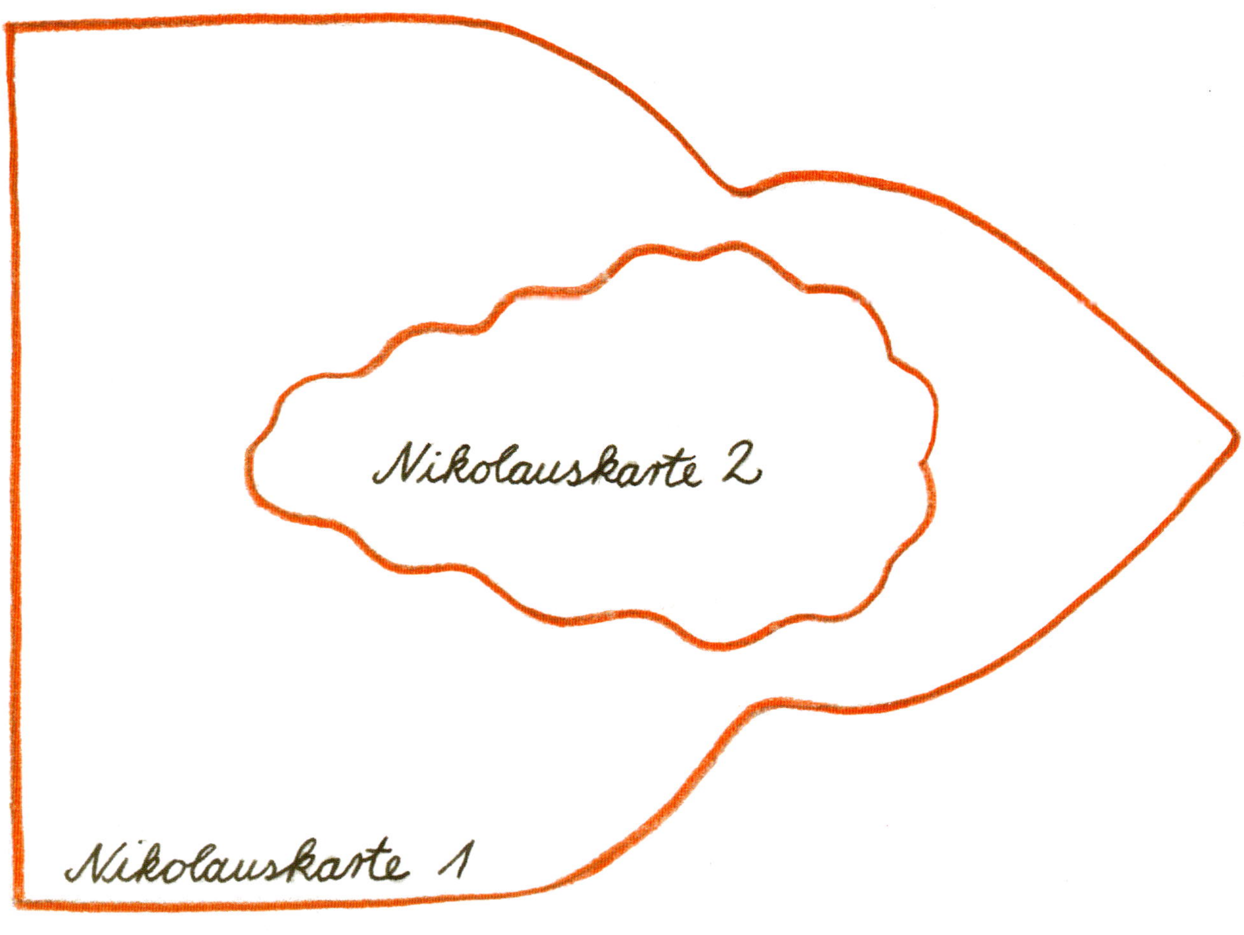
Nikolauskarte 2
Nikolauskarte 1

Tabellenübersicht zu Materialen und Werkzeugen

Was Kinder zum Basteln immer gebrauchen können.

Papiere

- Kopierpapier
- Transparentpapier
- Tonpapier
- Faltpapier
- Fotokarton
- Packpapier
- Geschenkpapierreste
- Wellpappe
- Krepppapier
- Regenbogenpapier
- Verpackungsseidenpapier findet man am besten in Porzellan- oder Geschenkgeschäften. Dort werden zerbrechliche Gegenstände, Glas und Porzellan darin eingepackt.
- Alufolie
- Moosgummi

wertloses Material

- Klopapierrollen
- Papprollen
- Schuhkartons
- Schachteln
- Kartons
- Schraubglasdeckel
- Bierdeckel
- Korken
- Flaschenverschlussdeckel
- Zeitungen
- Eierschalen
- Eierkartons
- Käseschachteln
- Joghurtbecher
- Quarkschälchen
- Margarineschalen
- Blechdosen
- Plastiktüten
- Styropor
- Plastikdosen
- Papiereinkaufstüten
- alte Tennisbälle
- Walnussschalen
- Papiereinkaufstüten
- Kiefernzapfen

Farben

- Bastelfarben
- Fingerfarben
- Wachsmalstifte
- Wachsmalblöcke
- Filzstifte
- Buntstifte
- Bleistift
- Kugelschreiber
- wasserfeste Filzstifte

Klebstoff

- Kleister
- Klebstoff
- Klebestift
- Tesafilm
- Klebeband

Haushaltsmaterialien

- Stoffreste
- Wollreste
- alte Strümpfe
- Spitzen
- Geschenkbänder
- Schleifen
- Kordeln
- Bänder
- Schaumstoff
- Nähgarn
- Gummifäden
- Watte
- Kosmetikwatte
- Streichhölzer
- Schaschlikstäbchen
- Zahnstocher
- Pappteller
- Strohhalme
- Gummibänder
- Spitzenpapierdeckchen
- Plastiktütenverschlussdraht
- Teelichter
- Haushaltskerzen
- Servietten
- Haushaltstücher
- Holzwäscheklammern
- Knöpfe
- Schwämme
- Butterbrottüten

Tolle Bastelmaterialien,

die vielleicht nicht jeder hat und deshalb in einem Kaufhaus oder Bastelgeschäft vorher gekauft werden müssen.

Bastelgeschäft
- Holzperlen
- Glasperlen
- Styroporkugeln
- Wattekugeln
- Acrylfarben
  sind beim Gebrauch wasserlöslich, im trockenen Zustand aber wasserfest. Käuflich in kleinen Töpfchen, mit denen man aber weit kommt.
- bunte Federn
- Streusternchen
- Glöckchen
- Bast
- Aufkleber
- Filz
- Knetwachs
- Pfeifenputzer
- Ostergras
- Glitzerpulver
- Moosgummifiguren
- Lederband

Schreibwarengeschäft
- Büroklammern
- Musterklammern
- Aufkleber
- Cellofantüten
- Plastikheftmappe

Spielwarengeschäft
- Wasserluftballons

Baumarkt / Gartencenter
- Schlüsselring
- Kressesamen
- Blumenerde
- Tonblumenuntersetzer
- Meisenknödel
- Tontöpfe
- Raufasertapete
- Wandfarbe

Lebensmittel
- Erdnüsse
- Haselnüsse
- Essig
- Speiseöl
- Körner
- Gummibärchen
- Plätzchen
- Puderzucker
- Zitrone

Werkzeuge und Materialien,

die sich die Kinder von ihren Eltern ausleihen müssen.

- Schere
- Lineal
- Tacker
- Locher
- Motivlocher
- Pinsel
- Wasserglas
- Plastikunterlage
- alte Teller zum Farbenmischen
- Dorn
- kleine Zange
- Cuttermesser
- Luftpumpe
- Sägemesser
- Nadeln
- Stecknadeln
- Rundhölzer
- Nägel
- Holzdübel
- Föhn
- Schüssel
- Löffel
- kleine Messer
- Teller
- Gläser

Alphabetisches Register

Zur Autorin / Zur Illustratorin

Gisela Mühlenberg ist Diplom-Pädagogin und Werklehrerin und ist schon seit vielen Jahren zunächst als Fachbereichsleiterin für den Eltern-Kind-Bereich und später als Leiterin der Familienbildungsstätte der Stadt Bochum tätig.

Mit ihren ersten beiden im Ökotopia Verlag erschienenen Bastelbüchern konnte Gisela Mühlenberg schon viele Eltern, Kinder und pädagogischen Fachkräfte begeistern. Nach dem großen Erfolg ihres Buches „Kritzeln – Schnipseln – Klecksen“ findet auch ihr 2010 erschienenes Bastelbuch „Mit Pinsel, Farbe, Schere und Papier“ bei Kindern und Erwachsenen großen Anklang.
Mit diesem neuen Jahreszeiten-Bastelbuch stellt sie Eltern und PädagogInnen wieder viele neue Ideen vor, die Kinder zu Kinderfesten, zu allen Jahreszeiten oder einfach nur an Schlechtwettertagen gemeinsam basteln können.

Vanessa Paulzen, Jg. 1970, Studium Kommunikationsdesign an der Universität Essen mit Schwerpunkt Grafik/Illustration. Illustrationen für zahlreiche Bücher, im Ökotopia Verlag u. a. aus den Reihen „Kinder spielen Geschichte“ und „Auf den Spuren fremder Kulturen“. Vanessa Paulzen lebt in Düsseldorf und ist neben ihrer Arbeit als Grafikerin auch als freie Künstlerin tätig.